MON FILS N'EST PAS UN ASSASSIN

L'affaire Traoré comme on ne vous l'a jamais racontée

VIRGINIE GAUTIER

avec Erwan Seznec

MON FILS N'EST PAS UN ASSASSIN

L'affaire Traoré
comme on ne vous l'a jamais racontée

Robert Laffont

ISBN : 978-2-221-26092-0
Dépôt légal : septembre 2022
Éditions Robert Laffont – 92, avenue de France, 75013 Paris

« Pour la première fois, j'appris à observer
le type éternel du révolutionnaire professionnel qui,
par son attitude de pure opposition, se sent grandi
dans son insignifiance et se cramponne aux dogmes,
parce qu'il ne trouve aucun point d'appui en lui-même. »

Stefan Zweig

Elle était là, si petite, à la fois si faible et si forte. C'est dans un murmure qu'elle m'a dit : « Je vais mourir sans avoir entendu les juges prononcer le classement sans suite de l'affaire. » Après un silence, elle a continué : « Bats-toi. Pour nous, pour lui pour toi ! » Le lendemain, elle partait pour toujours. Nous étions le 29 décembre 2020.

C'était la grand-mère de Romain. Cette grand-mère, journaliste, éducatrice spécialisée, artiste et écrivaine, me chargeait d'une mission et le sentiment de solitude qui m'a envahie était intense. Profond. Terrible. Dans le même temps, cette « passation » était riche de sens. C'était le moment de me battre, mais qui allait me suivre ? Qui allait m'aider ? Qui allait me soutenir ? Qui allait m'écouter ? Et quelles étaient mes armes ?

Alors, puisque « passation » il y avait, je décidai d'utiliser les mots que ma mère n'avait pas eu le temps d'écrire. Je décidai de raconter comment j'ai vécu et comment je vis encore le bouleversement qu'a été pour moi et ceux que j'aime l'« affaire Traoré ».

Virginie Gautier

Avant-propos

Ce livre écrit à quatre mains est le fruit d'une rencontre. Un jour, j'ai reçu un e-mail de la mère de Romain, le gendarme qui dirigeait l'équipe ayant interpellé Adama Traoré. Son fils ne pouvait pas parler librement, mais elle se disait en mesure de le faire. Pas comme porte-voix de son fils, pas pour contourner le devoir de réserve des gendarmes. Non, Virginie voulait parler en son nom propre, en tant que mère, grand-mère et citoyenne. Elle voulait raconter l'envers de l'affaire Adama. Pendant des années, elle n'avait pas pu ouvrir le journal ou allumer la télévision sans craindre de lire ou d'entendre qu'elle avait élevé une brute, voire un assassin ayant prémédité son geste.

Alors il lui fallait raconter. Son témoignage était si fort que nous avons décidé d'écrire un livre à deux voix. Le récit que vous allez lire alterne donc les chapitres d'enquête, où je m'efforce d'être le plus factuel possible, et les chapitres où Virginie détaille les conséquences qu'a eues sur sa vie et celle de ses proches le pilonnage médiatique, incroyablement disproportionné par rapport à la matérialité des faits. Les Traoré ont perdu un fils, un frère, un demi-frère. Leur douleur mérite respect et considération. Mais elle n'excuse pas tout. Dévaster d'autres vies ne ressuscitera pas Adama Traoré.

Les trop nombreux militants, élus et journalistes qui ont repris un peu vite la thèse de la bavure et des gendarmes coupables, forcément coupables, verront, à travers le témoignage de Virginie, les dégâts que l'on peut commettre en accusant sans nuance, au nom du Bien, du Vrai et du Juste. Ce n'est pas parole contre parole, ni famille contre famille, et encore moins souffrance contre souffrance. Ce sont les faits contre les affabulations.

Erwan Seznec

Prologue

« Allô, maman, c'est moi. Tu as vu les informations ? »

Non, je n'ai pas regardé les informations. Ni la veille ni aujourd'hui. Alors j'allume la télévision.

Je vois. J'entends. Et je ne comprends pas.

« Je voulais te prévenir. Ça tourne en boucle. Je fais partie des gendarmes dont on parle. »

Silence. Je n'ai que le silence à lui offrir. Parce que je n'ai pas de mots. Plus de mots. Ils me semblent soudain dérisoires. Je raccroche.

Nous sommes le 20 juillet 2016.

Des invités, qui vivent des instants douloureux, ne me permettent pas de parler. Je me vois mal ajouter ma peine à la leur. Et comment leur dire ? Et que dire ? Après leur départ, le silence cède la place aux larmes. J'ai du mal à exprimer ce que je ressens. Tous les sentiments déferlent en vagues successives.

Désormais, je vais regarder les informations tous les jours. Le midi. Le soir. Je vais scruter Internet. Minutieusement. Longuement. Douloureusement. Ma vie a basculé en même temps que celle de mon fils. De ma belle-fille. De ma petite-fille. De toute notre famille.

J'assiste à un lynchage médiatique et ne peux rien faire.

Un mal-être profond me prend aux tripes. Me tord le cœur. Et je vais devoir vivre avec. Longtemps.

Je suis la mère d'un des gendarmes qui ont arrêté Adama Traoré. Autant dire que, pour l'immense majorité des personnes qui ont entendu parler de cette affaire, je suis la mère d'un meurtrier.

Je sais que Romain n'a pas tué Adama Traoré. Comme une mère, instinctivement, mais aussi comme une personne douée du minimum de discernement et de sens critique.

Je sais que ses collègues n'ont pas tué Adama Traoré. Je sais qu'aucun des gestes pratiqués n'a mis en danger la vie de cet homme. Je sais qu'il n'y a eu aucun esprit de revanche, et encore moins de vengeance. Je le sais.

La violence des propos tenus à l'encontre de mon fils et relayés sans aucune analyse ni aucun recul par les médias m'est insupportable. Je ne comprends pas ce parti pris. Je ne comprends pas cette haine. Mais surtout, surtout, je ne supporte plus le silence de la gendarmerie. Par son mutisme, face au flot des déclarations et des communiqués de la famille Traoré, elle enfonce des innocents.

Mon fils ne peut pas parler, car il est soumis à un strict devoir de réserve, comme tous les gendarmes. J'ai souvent eu envie de prendre la parole à sa place, et même de hurler, en entendant tant de contre-vérités proférées sur son compte. Pendant plus de cinq ans, je me suis tue, jusqu'au jour où ma propre mère est décédée.

Je ne parle pas au nom de mon fils Romain. Je parle en mon nom propre. J'ai discuté une seule fois par téléphone avec son avocat, maître Rodolphe Bosselut, bien avant d'avoir le projet de ce livre, parce que je devais parler à quelqu'un, dans un moment d'angoisse terrible, intense. Il m'a conseillé de me ménager, de ne plus consulter les pages Facebook du comité Adama et de me reposer sur lui. J'ai suivi son conseil. Je n'ai jamais eu accès au dossier d'instruction. Les informations que j'énumère, les contradictions que je relève, les mensonges que je pointe viennent seulement d'une lecture assidue des médias. Les militants du comité auront peut-être du mal à le croire, mais pendant toutes ces années, je n'ai posé quasiment aucune question à mon fils sur l'enquête en cours, pour ne pas rajouter à sa souffrance. Il a découvert seulement sur le tard à quel point cette affaire m'a affectée.

1

Fait divers dans le Val-d'Oise

Ce chapitre expose les conditions dans lesquelles Adama Traoré, vingt-quatre ans, a été arrêté et a trouvé la mort le 19 juillet 2016 à Beaumont-sur-Oise. Les hypothèses sur l'état de santé de la victime, les spéculations sur les retards éventuels des secours, les débats sur le « plaquage ventral » seront examinés en détail dans les chapitres suivants. Il s'agit seulement ici de reconstituer les événements d'un après-midi d'été, en les situant dans leur contexte.

Le 19 juillet 2016, l'actualité est très lourde. Cinq jours plus tôt, Mohamed Lahouaiej-Bouhlel, un Tunisien de trente et un ans, a tué quatre-vingt-six personnes sur la promenade des Anglais, fonçant dans la foule venue assister au feu d'artifice du 14, au volant d'un camion volé. Il a été abattu. Le gouvernement de Manuel Valls vit des moments de pression terrible, en particulier le ministre de l'Intérieur Bernard Cazeneuve, car la polémique monte sur l'efficacité des dispositifs de sécurité mis en place à Nice. Personne, place Beauvau, ne regarde alors vers le Val-d'Oise.

L'été est particulièrement chaud, orageux, étouffant. À la gendarmerie de Persan, le chef du peloton de surveillance et d'intervention de la gendarmerie (Psig) annonce la mission du jour aux équipes qui viennent de prendre leur service. Rien de palpitant. Il s'agit d'interpeller Bagui Traoré, un dealer soupçonné d'extorsion de fonds. Les deux victimes sont des femmes, dont l'une est sous curatelle. Elles sont tombées dans un piège classique, le « chrome » : des truands font crédit à un pigeon, en sachant qu'il ne sera guère difficile de lui mettre la pression pour se faire payer le moment venu, en empochant des intérêts usuraires au passage.

Trois ans plus tôt, dans le cadre d'une refonte territoriale, la gendarmerie a repris en main le secteur, jusqu'ici confié à la police nationale. Ce n'est certainement pas le pire de la région parisienne en matière de délinquance et de misère sociale, mais il n'est pas de tout repos. Persan, Beaumont-sur-Oise et Chambly forment ce qu'on appelle les « villes sœurs ». Nichée à la limite de l'Île-de-France et de la Picardie, l'agglomération est une zone de transition entre la banlieue et la campagne. Quelques minutes de voiture suffisent pour passer de quartiers de tours des années 1970 à des villages bucoliques, ce qui revient le plus souvent à passer de la pauvreté à l'aisance, voire à l'opulence. Les populations défavorisées, massivement d'origine étrangère, se concentrent dans des cités accessibles à pied ou en bus depuis les gares TER. Les classes moyennes vivent dans des lotissements et ceux qui ont vraiment de l'argent dans des demeures anciennes restaurées. Sociales, économiques et culturelles, les fractures sautent aux yeux. Le trafic de stupéfiants également. Comme souvent en banlieue, il manque vraiment de discrétion. Chacun sait où trouver les dealers. À la manière de tout commerçant, ces derniers ont des requêtes précises. Il leur faut un emplacement facile d'accès à pied, mais pas trop en voiture, avec des possibilités d'abri en cas de pluie et des itinéraires de fuite en cas d'urgence. À Sarcelles, on les trouve au centre commercial de la place des Trois-Noyers. À Saint-Ouen, cité des Boute-en-Train et cité Charles-Schmidt. À Bagnolet, du côté de la Capsulerie.

Dans les villes jumelles de Persan-Beaumont, un des points d'approvisionnement bien connus se situe devant le PMU de Beaumont-sur-Oise. C'est là que les gendarmes comptent trouver Bagui Traoré. Une vieille connaissance ! Au moment des faits, son casier comporte déjà de nombreuses mentions. Né en 1991, il a eu affaire très tôt à la justice pour des vols avec effraction et des violences. Il trempe dans du trafic de stupéfiants avec son frère Ysoufou. Au moment où l'interpellation a lieu,

Bagui est un trafiquant actif, c'est une certitude : lui et Ysoufou ont été condamnés en 2019, par le tribunal correctionnel de Pontoise, respectivement à un an et deux ans et demi de prison, pour des faits de trafic de drogue qui concernaient précisément la période pendant laquelle Adama Traoré a trouvé la mort. Le cœur du trafic, « d'ampleur régionale », selon les déclarations d'un enquêteur au *Parisien*, était la cité Boyenval, à Beaumont, où réside Ysoufou.

Deux équipes de trois gendarmes se sont mises en route pour interpeller Bagui Traoré. Elles appartiennent toutes les deux au peloton de surveillance et d'intervention de la gendarmerie de L'Isle-Adam. Les gendarmes du Psig sont spécialement formés aux interventions en zones sensibles. Ils sont officiellement présentés sur le site du ministère de la Défense comme la « force de frappe » des compagnies de gendarmerie, expression martiale qui peut prêter à confusion : les Psig ne « frappent » pas avant de réfléchir, au contraire ; ils sont appelés pour les missions délicates. Ceux qui interviennent ce jour-là sont des « Psig Sabre », ce qui veut dire qu'ils ont comme mission essentielle la lutte contre le terrorisme et la criminalité en bande organisée. Il existe 150 Psig Sabre en France. Ce sont des unités spéciales, capables d'intervenir dans un délai moyen de quinze minutes sur une tuerie de masse. Leur effectif est constitué de sous-officiers de la gendarmerie et de la Garde républicaine. Le recrutement se fait sur la base du volontariat, avec une sélection rigoureuse fondée sur les capacités psychologiques et physiques. Les hommes du Psig doivent être en mesure de neutraliser des adversaires dangereux ou de les fixer en attendant le Groupement d'intervention de la gendarmerie nationale (GIGN). Leur équipement est au diapason de leurs missions : bâton de protection télescopique, pistolet à impulsion électrique, armes longues, bombe lacrymogène, pistolet, lanceur de balle de défense, grenade de désencerclement, pistolet-mitrailleur, fusil à pompe, fusil d'assaut. Cet équipement est rangé dans les coffres à armes protégés de leurs véhicules, qui sont en général des monospaces. Leur tenue est une combinaison noire, ou un pantalon bleu marine et un T-shirt noir.

Si un Psig Sabre a été appelé ce jour-là, c'est parce que Bagui Traoré est un délinquant multirécidiviste, considéré comme potentiellement dangereux. Les trois hommes de l'une des équipes chargées de l'interpeller sont en pantalon et T-shirt, sans même un gilet pare-balles, car la journée est très chaude. Les trois autres ont obligation d'être « parés » pour toute intervention de type terroriste. Ils circulent en véhicule banalisé. La première équipe se dirige vers Bagui Traoré, la seconde voiture patrouille à quelques rues de là. Arrivant devant le PMU, les trois gendarmes trouvent Bagui, comme prévu. Il discute avec quelqu'un, que les gendarmes n'identifient pas. Ils apprendront plus tard qu'il s'agit de son demi-frère, Adama.

Adama est également connu de la justice. Au moment où les gendarmes interpellent son frère Bagui, lui-même sort tout juste de la prison d'Osny. À vingt-quatre ans (c'est d'ailleurs son anniversaire, le 19 juillet), il est ce qu'on appelle un « petit délinquant » : pas de braquage de bijouterie sensationnel place Vendôme, pas de meurtre ; son quotidien alterne les agressions, le deal de cannabis et de l'intérim.

La fratrie Traoré compte dix-sept frères et sœurs de père identique (Mara-Siré, Malien immigré en France, décédé en 1999), nés de quatre mères différentes. Les liens entre les dix-sept sont d'intensité variable. Demi-frères, Bagui (fils d'Hatouma, dite Mamma) et Adama (fils d'Oumou, dite Tata) ont seulement six mois d'écart. De l'avis général, ils sont très proches.

Avec Assa Traoré, la proximité est moins évidente. Née en 1985, elle a pour mère Hatouma. Elle a sept ans de plus que Bagui et Adama. Au moment où les gendarmes interpellent Bagui, elle est loin de Beaumont-sur-Oise. Éducatrice spécialisée, elle accompagne un petit groupe de jeunes des quartiers défavorisés en vacances en Croatie, à Rabac, une jolie station balnéaire. Elle est alors salariée de la fondation Opej-Baron de Rothschild – Opej signifie Œuvre de protection des enfants juifs. La fondation a été créée en 1945 pour prolonger l'action d'un réseau de résistants qui aidaient des enfants juifs pendant la Seconde Guerre mondiale. Au fil des années, elle est devenue un organisme parapublic respecté, prenant en charge des missions de travail social pour le compte des collectivités. Assa Traoré est rattachée à l'antenne Opej de Sarcelles. Elle garde donc un lien avec le Val-d'Oise, mais elle n'y vit plus depuis longtemps. Âgée de trente et un ans, elle réside de l'autre côté de Paris, à Ivry-sur-Seine. Mère de famille, salariée, elle a fait sa vie loin des trafics qui forment le quotidien de ses frères. Pour l'essentiel, son travail consiste à faire en sorte que les jeunes ne deviennent pas ce que sont ces derniers : des délinquants.

Les gendarmes arrêtent Bagui Traoré, qui se laisse interpeller sans opposer de résistance. Il ne sait pas encore qu'il est recherché pour extorsion de fonds. Il n'a pas de raisons de s'inquiéter, car il ne porte sur lui ni drogue ni grande quantité de liquide. Peut-être parce qu'il ne revendait pas, ce jour-là ; peut-être parce qu'en dealer expérimenté, il dissimule la marchandise dans des buissons et confie l'argent à un comparse plusieurs fois au fil de la journée.

Son frère Adama, en revanche, prend la fuite sur un vélo type BMX. À ce stade, aucun gendarme ne l'a identifié. Deux d'entre eux se lancent à sa poursuite tandis que le troisième reste avec Bagui Traoré.

Le cycliste lâche rapidement son vélo, conçu pour les acrobaties et non la vitesse. Il est rattrapé une première fois. Un des gendarmes veut lui passer les menottes. Adama demande à reprendre son souffle. Le gendarme accepte. L'interpellé lui glisse entre les doigts et repart en sprint. Les deux gendarmes l'arrêtent à nouveau et le menottent, cette fois pour de bon. Puis l'un d'eux retourne vers son collègue resté seul avec Bagui. C'est à cet instant qu'un inconnu intervient : il aide Adama à s'échapper en se battant avec le gendarme (nous reparlerons plus loin de ce mystérieux inconnu). L'accrochage est viril : le polo du gendarme est taché de sang. Comme le montreront les analyses ultérieures, ce n'est pas celui d'Adama Traoré, mais bel et bien celui de cet inconnu venu à son aide. Adama reprend encore une fois la fuite, mais à petite allure, selon les témoins. Il vient de courir un quatre cents mètres ou un huit cents mètres deux fois, par un temps très lourd. Il est fatigué. Pris à partie par l'inconnu, le gendarme ne peut le poursuivre.

Il est 17 heures. La deuxième équipe entre alors en scène. Elle reçoit un appel radio demandant à ce que soit recherché un « individu de type africain vêtu d'un T-shirt et d'un short, pour rébellion ». Adama n'a toujours pas été identifié par les gendarmes. Les échanges entre le Psig et le centre d'opérations et de renseignement de la gendarmerie du Val-d'Oise (le

Corg) en attestent : il est seulement question d'un « individu menotté » ayant pris la fuite. Des passants signalent un individu qui se cacherait entre les voitures. Sur place, l'équipe de trois gendarmes est orientée par un témoin vers un logement où Adama a trouvé refuge. Les gendarmes entrent. Ils ne voient rien tout d'abord, car les stores sont baissés pour garder le peu de fraîcheur qui subsiste. La pièce est plongée dans l'obscurité. Puis l'un d'eux aperçoit Adama Traoré au sol, enroulé dans une couverture, sur le ventre. Les gendarmes ne voient pas ses mains et ne savent pas s'il est armé (il ne l'était pas). Ils l'immobilisent. En le relevant, l'un des gendarmes le reconnaît enfin. En deux minutes, trois maximum, l'équipe est entrée, elle lui a passé les menottes dans le dos et elle est ressortie. Adama Traoré paraît sonné, mais il marche. Il porte 1 330 euros en coupures de 10 euros et 20 euros. Sa sœur expliquera plus tard que c'était de l'argent donné par ses proches pour son anniversaire. Les gendarmes pensent plutôt qu'il portait la recette de deal du jour, et que c'est pour cette raison qu'il a fui, contrairement à son frère Bagui.

Alors que la patrouille se dirige vers la gendarmerie de Beaumont-sur-Oise, les gendarmes constatent qu'Adama a tendance à somnoler. Ils ne parlent pas vraiment avec lui, chacun laisse redescendre la tension. En le sortant de la voiture, un gendarme constate qu'il a uriné sur le siège, signe d'une perte de conscience. On le place en position latérale de sécurité (PLS). Les secours sont appelés. Ils arrivent en six minutes. Ils tentent de le ranimer en lui faisant un massage cardiaque très énergique, sans succès.

Adama Traoré décède officiellement à 19 h 05, alors que les pompiers sont présents. La gendarmerie prévient immédiatement la préfecture. Comme le veut la procédure dans un tel cas, les gendarmes qui l'ont interpellé rendent leurs armes. Ils sont mis à l'isolement et sont soumis à un contrôle visant à détecter une éventuelle prise d'alcool ou de stupéfiant (tous ces contrôles seront négatifs).

Le directeur de cabinet du préfet et le procureur adjoint de Pontoise arrivent à la gendarmerie. Ils ne sont pas les seuls. La nouvelle de l'arrestation de Bagui et Adama a circulé. Il y a de plus en plus de monde devant les locaux.

Le temps passe, la nuit tombe. Oumou, la mère d'Adama Traoré, est à l'extérieur. Elle réclame des nouvelles de son fils. Ni le procureur adjoint ni le directeur de cabinet du préfet ne parviennent à franchir le pas. Pourquoi ? Tout simplement parce que les deux fonctionnaires, jeunes et peu expérimentés, ont pris peur, selon plusieurs témoins. La foule a grossi, la colère gronde, et ils sont tétanisés, l'un comme l'autre. Comprenant que la situation devient explosive et que les consignes peuvent se faire attendre encore longtemps, un capitaine de gendarmerie finit par prendre les choses en main. Il sort et annonce le décès à 21 h 30. Deux heures trop tard, indéniablement. Ces cent vingt minutes inexpliquées ont fait gonfler la rumeur. « Ils » l'ont tué. Une gendarme se fait casser le nez en tentant de calmer la foule. L'émeute démarre instantanément : incendies de véhicules, caillassage de pompiers, saccage de mobilier urbain. Les gendarmes mobiles envoyés sur le terrain se font tirer dessus à la carabine. Tout le secteur de Persan-Beaumont-Champagne-sur-Oise s'embrase.

Immédiatement, des menaces de mort sont proférées contre les gendarmes qui ont interpellé le jeune homme, mais aussi contre leurs femmes et leurs enfants. Leurs noms sont tagués sur les murs des cités. Le soir même, la hiérarchie les informe qu'ils vont devoir quitter la région. Pas bientôt, pas dans une semaine. Sur-le-champ. Ce n'est pas une sanction. Pour leur sécurité, ils sont exfiltrés en deux heures en attendant qu'on leur trouve une nouvelle affectation. Romain, vingt-sept ans, a une fille de huit mois. Il appelle sa compagne : « Il faut que je te parle…

— Je commence à monter le lit que nous avons acheté pour la petite.

— Tu peux le laisser dans l'emballage. On s'en va. »

Le 21 juillet, quarante-huit heures après le drame, les résultats de la première autopsie menée sur le corps par l'institut médico-légal de Garches sont dévoilés par le procureur. Selon ses déclarations, le médecin légiste n'a pas relevé de « traces de violence significatives ». Ses conclusions soulignent l'« absence de violences de nature à entraîner le décès ». Une deuxième et dernière autopsie, dont les résultats sont publiés le 28 juillet, aboutit aux mêmes résultats. Par la suite, il y aura des expertises, souvent contradictoires ou peu concluantes, mais toutes de seconde main. Plus aucun expert ne verra le corps d'Adama Traoré.

Les émeutes durent cinq nuits, sans que le ministre de l'Intérieur se déplace. L'attentat de Nice mobilise probablement toute son attention. Par ailleurs, le seuil de sensibilité face aux crises de banlieue s'est insidieusement élevé, au fil du temps. En 2007, à Villiers-le-Bel, les violences ont duré deux semaines. Le point de départ était un accident de la circulation. Deux adolescents en moto-cross, sans casque, avaient été tués dans une collision avec une voiture de police. Collision délibérément provoquée par les flics, selon les jeunes des cités de Villiers-le-Bel, Sarcelles et Garges-lès-Gonesse. Bilan : 119 policiers blessés, dont 80 par des tirs de chevrotine, et plus de 30 condamnations d'émeutiers. C'était encore modeste, comparé à 2005 : trois mois d'état d'urgence, trois morts, près de 3 000 interpellations, 10 000 véhicules et 300 bâtiments incendiés, avec au total 200 millions d'euros de dégâts, selon la Fédération française des sociétés d'assurance. Comme à Villiers-le-Bel, le point de départ était la mort de deux adolescents électrocutés dans un poste EDF, où ils s'étaient glissés pour échapper à la police.

En comparaison, le brasier de Beaumont-sur-Oise a été contenu. Sur le moment, personne ne peut imaginer qu'en 2021 on parlera autant, voire davantage, de la mort d'Adama Traoré que des attentats de Nice. Cinq nuits d'émeutes, et alors ? Les affrontements de ce genre restent dans les mémoires locales mais, d'ordinaire, ils sont très vite oubliés à l'échelle nationale. Évreux (Eure-et-Loir) en 2002, Nîmes-Valdegour (Gard) en 2003, Vaulx-en-Velin (Rhône) en 2005, Saint-Dizier (Haute-Marne) en 2007, Firminy (Loire) en 2009, Grenoble-La Villeneuve en 2010, Nantes en 2018 : à chaque fois, des bâtiments et des véhicules ont été ravagés, des représentants des forces de l'ordre ont été attaqués, jusqu'à se faire tirer dessus à balles réelles. Au départ, il y a souvent une mort, attribuée à la police ou à la gendarmerie. À Évreux en 2002, il s'agissait d'un dealer décédé d'overdose dans un commissariat. Il avait avalé des sachets de cocaïne pour les soustraire à la fouille pendant sa garde à vue. Les habitants des quartiers de la Madeleine et de Nétreville ne croyaient pas à la version officielle. En 2018 à Nantes, l'étincelle a été la mort d'un automobiliste, tué par balle en tentant d'échapper à un contrôle routier. Le CRS incriminé a été immédiatement placé en garde à vue et mis en examen. Il devrait être jugé en 2022 pour « coups et blessures volontaires ayant entraîné la mort sans intention de la donner ».

Ce dernier point est important. Dans beaucoup de faits divers ayant dégénéré en émeutes de banlieue, des policiers ou des gendarmes ont été mis en examen, suspendus, jugés et parfois condamnés. Il n'y a pas d'impunité systématique. Dans l'affaire Adama Traoré, au contraire, plus de cinq ans après les faits, au terme de centaines d'actes d'instruction, personne n'a été mis en examen. À aucun moment les gendarmes qui ont arrêté le jeune homme à Beaumont-sur-Oise le 19 juillet 2016 n'ont été suspectés de quoi que ce soit par la justice. Pourquoi une bavure de ces gendarmes, précisément, aurait-elle été couverte par tout l'appareil d'État ? Mystère.

Même le plus engagé des militants de la cause des quartiers pourrait en convenir, d'autres présomptions de violences policières sont plus solidement étayées. Ce sont sur des gendarmes irréprochables, jusqu'à preuve du contraire, que ces militants s'acharnent pourtant depuis six ans. Leurs motifs sont altruistes, nobles, mais avec des conséquences concrètes qui le sont beaucoup moins. C'est ce que raconte Virginie dans le chapitre suivant. Depuis bientôt sept ans, elle est assignée au rôle de mère d'un meurtrier, sans preuve et sans examen contradictoire des faits.

Intermède

Noir, et alors ?

Assa Traoré et ses soutiens ne manquent jamais une occasion de le rappeler : Adama Traoré a été ciblé parce qu'il était noir ; il est tombé sous les coups d'un « système répressif et raciste ».

En réalité, plusieurs des six gendarmes (répartis en deux équipes) qui ont interpellé Adama Traoré le 19 juillet 2016 étaient issus de l'immigration ou de l'outre-mer. Deux d'entre eux étaient noirs. Les gendarmes ont choisi de ne pas mettre ce fait en avant pour se défendre contre les attaques qui les ciblaient, ce qui est conforme aux principes républicains. Qu'il s'agisse des forces de l'ordre ou de la population, la couleur de peau n'entre pas en ligne de compte quand il s'agit de faire respecter les lois, qui sont les mêmes pour tous. L'information a néanmoins fuité, et il est très peu probable qu'elle ne soit pas parvenue jusqu'au comité Adama.

Nous avons posé la question à l'avocat de la famille, maître Yassine Bouzrou : « Vos clients sont-ils informés de ce détail, qui n'a aucune importance quant au fond de l'affaire, mais qui en revêt au contraire une grande en matière de traitement médiatique ? » Maître Bouzrou n'a pas trouvé le temps de nous répondre. Toutefois, la youtubeuse Nadjélika Bamba (plus de 60 000 abonnés pour la chaîne Le N, courant 2022) a donné une idée de ce qui est sans doute la position du comité Adama, dont elle est un fervent soutien. Lors d'une manifestation contre les violences policières, le 2 juin 2020, elle a insulté un policier noir : « C'est la honte sur vous tous, mais surtout sur toi ! Honte sur toi ! Vendu ! T'es de leur côté ! Traître ! », etc. Le policier a porté plainte. Jugée le 6 octobre 2021, Nadjélika Bamba a été condamnée à 1 500 euros d'amende et quatre mois de prison avec sursis. La condamnation peut sembler sévère, car les insultes sont très fréquentes en manifestation. Les juges ont sans doute voulu sanctionner une dérive. Ils relèvent dans leur décision que l'insulte était « accompagnée d'une gestuelle de haine » et qu'elle était proférée « au sein d'une foule entraînée à répéter les invectives », comme si l'intention était moins de se défouler que de creuser le clivage racial que les militants prétendent pourtant dénoncer. L'idée que les forces de l'ordre *sont* racistes et défendent un ordre blanc, en niant que des policiers et des gendarmes noirs puissent être la preuve du contraire, est certainement dangereuse. Des amendes ne suffiront sans doute pas à la combattre.

2

Une famille dans la tourmente

Dans ma petite ville de province, l'été est radieux, mais je n'en profite pas. Je suis rivée sur ce qu'il se passe à Beaumont-sur-Oise. Le secteur est en ébullition. Les violences sont ultra-médiatisées. Le 21 juillet, Romain m'appelle : « Maman, c'est moi. On peut venir chez vous ?

— Bien sûr, vous pouvez venir. Tous les trois. »

Même s'ils étaient dix, vingt, trente, je pousserais les murs de la maison pour les accueillir.

Les infos sur la mort d'Adama Traoré tournent en boucle, comme s'il ne se passait plus rien sur la planète. Romain est souvent au téléphone. Avec sa hiérarchie. Avec son avocat. Avec ses collègues. Ceux qui sont impliqués, mais aussi les autres. Cette attente est intolérable et met chacun de nous dans un état de fragilité extrême. Nous avons beau savoir que le dossier est vide et que rien ne permet de mettre en accusation Romain et ses collègues, les médias s'acharnent. La maison est remplie de détresse. Comment aider mes enfants à vivre ces agressions permanentes, cette violence verbale à leur encontre ? Cette violence qui lapide, assèche, s'insinue dans la peau, dans la tête, dans le cœur. Le sentiment d'injustice donne envie de vomir, de pleurer, de hurler parfois.

Le 23 juillet, quatre jours après le décès, la famille Traoré et ses soutiens organisent une conférence de presse. Je découvre Assa Traoré : une jeune femme, la trentaine, portant des tresses (la coupe afro façon Angela Davis viendra plus tard). Elle est très remontée : « Mon frère a été tué, mon frère a subi des violences [...] il faisait l'objet d'un acharnement policier depuis plusieurs années. »

Et ce n'est qu'un début. Je l'ignore encore à ce moment-là, mais pendant des années, je vais devoir encaisser cette avalanche de critiques insensées et d'attaques gratuites. J'apprends par les médias la création d'un comité Vérité pour Adama, ce qui me rejette fatalement dans le camp du mensonge, puisque je suis du côté des gendarmes.

Personne ne me connaît parmi les soutiens et les sympathisants d'Assa Traoré, mais moi, je vais chercher à les comprendre. Je passe des heures, des jours, des nuits à lire ce qu'ils déversent sur mon fils. Jusqu'à me rendre malade. En réalité, ils ne savent rien de lui, de nous.

Ils l'imaginent probablement comme une sorte de brute, élevée dans une famille réactionnaire, de droite dure au minimum, d'extrême droite probablement. Le symbole de la France raciste, forcément raciste. Ils ont tout faux.

Je suis française et fière de l'être. J'aime mon pays, avec ses échecs et ses réussites. Avec ses régions, si belles. Avec ses habitants, tous ses habitants qui le font vivre à des rythmes différents. Avec ses couleurs. Avec ses ciels d'orage et ses couchers de soleil. J'aime la possibilité qui m'est offerte d'avoir des opinions divergentes et de les exprimer sans me retrouver immédiatement en prison. J'aime avoir la possibilité de manifester quand je ne suis pas d'accord. Comme eux, comme tout le monde.

Je suis prête à porter haut le nom de mon fils, comme un étendard. Comme un soldat. Comme la combattante que l'on a faite de moi ! Il n'y a aucune tradition militaire dans notre famille, mais je suis très fière qu'il soit gendarme. Hélas, qui suis-je pour oser faire face au comité Adama, faire face à Assa Traoré, me lever contre les médias, contre les stars partisanes, contre les hommes politiques, contre les philosophes, les sociologues qui la soutiennent ? Comment affronter ce déchaînement de haine et de violence verbale ? Comment ne pas me faire broyer par cette machine médiatique infernale ?

À vrai dire, je n'en avais aucune idée. Je me suis donc tue. Ces six années de silence m'ont été intolérables.

Maintenant, il est temps de prendre la parole. D'utiliser les mots contre les maux. Des mots contre l'injustice, des mots pour dire ma colère de me voir traiter implicitement de Blanche raciste bénéficiant d'un privilège quelconque. Des mots pour dire d'où je viens et évidemment d'où vient mon fils Romain, de quel milieu, de quelle famille…

Mes parents m'ont offert la liberté. Celle d'être. Celle de faire mes choix. La liberté d'échouer comme de réussir. Celle de vivre avec les autres. Celle de savoir ouvrir ma porte à ceux qui en ont besoin. C'est ainsi que j'ai été élevée.

J'ai soixante-quatre ans. Je suis née dans une commune qui, ironie de l'histoire, a subi elle aussi un énorme emballement médiatique : Bruay-en-Artois (Pas-de-Calais), rebaptisée Bruay-la-Buissière en 1987. J'avais une vingtaine d'années au moment du procès et j'ai croisé, par un étrange concours de circonstances, certains protagonistes de ce drame[1].

---

1. L'affaire jamais élucidée de Bruay-en-Artois commence en avril 1972 par la découverte du corps d'une adolescente, Brigitte Dewèvre. La presse maoïste de l'époque s'empare du dossier et tente de le politiser, accusant sans preuve un notable local d'avoir tué une fille d'ouvrier. Emmenés par Serge July, futur directeur de *Libération*, des journalistes-militants créent un comité pour la Vérité et la Justice qui embrigade les parents, et tente de faire du meurtre une illustration de la lutte des classes, sans reculer devant la désinformation.

Je suis donc native du Nord. Mon arrière-grand-père était juif. Il a épousé une goy qui a donné naissance à ma grand-mère. Cette dernière, fervente pratiquante catholique, nous obligeait, quand nous étions en vacances chez elle, à dire nos prières le soir au coucher et cherchait désespérément à nous entraîner le dimanche à la messe… Il subsiste un mystère quant au type asiatique très prononcé qu'avait mon grand-père maternel, qu'il a légué à ma mère, et dont j'ai hérité, mais personne n'a jamais su d'où cela provenait !

Ma mère est venue dans le Nord pour suivre ses études à l'École supérieure de journalisme de Lille. Elle faisait des petits boulots pour les payer. L'un d'eux consistait à effectuer un tri énorme à la bibliothèque où des tas de livres allaient être détruits. Comme elle ne s'y résignait pas, elle passa une petite annonce dans le journal : « Toute personne intéressée pour récupérer des livres peut s'adresser à moi… » Un jeune homme se présente. Il est éducateur. Les ouvrages serviront aux jeunes dont il s'occupe… Le coup de foudre est immédiat. Trois mois après leur rencontre, ils se marient. De cette union naîtront une fille, qui décédera peu de temps après sa naissance, puis moi et enfin mon frère.

Mes parents ont toujours été tournés vers les autres. Mon père était éducateur spécialisé, comme Assa Traoré ! Très impliqué dans le premier syndicat de cette activité, il n'a eu toute sa vie qu'un objectif : aider autrui.

Éducateur puis directeur d'établissement, il reprend des études de psychologue clinicien pour retourner sur le terrain afin d'aider les jeunes qui vivent dans la rue. Ma mère, une fois son diplôme de l'ESJ-Lille en poche, travaille d'abord bénévolement aux côtés de mon père, dans le social – le métier d'éducateur n'était pas encore ouvert aux femmes. Elle suit plus tard des études d'éducatrice puis reprend sa casquette de journaliste en écrivant des articles pour la revue *L'Enfant d'abord*, et publie deux livres, l'un sur ses rencontres avec des enfants handicapés et l'autre sur ses « aventures » au travers de toutes les voitures qui ont « croisé sa route » ! Vivant à Paris, elle continuera à faire des interventions pour les enfants en situation d'échec scolaire jusqu'à quatre-vingts ans passés.

La première partie de mon enfance s'est déroulée dans un coron de Roubaix. Nous vivions tous les quatre, mes parents, mon frère et moi, dans une petite chambre de quatorze mètres carrés, sans salle de bains ni toilettes. C'était inconfortable, mais joyeux. Cette pièce était remplie de chants, de rires. Mes parents recevaient beaucoup. Ils connaissaient l'abbé Pierre, qui venait parfois à la maison. Il avait dans son portefeuille la photo d'une petite fille, mon père m'a dit que c'était une image de moi.

Au début des années 1960, alors que j'étais encore jeune, nous sommes partis pour Marseille, où mon père avait trouvé un travail. Un mobile-home nous a donné l'impression de vivre dans un château : il était situé dans le parc d'un établissement à caractère social, dont j'ai oublié le nom. J'avais à ma disposition un terrain d'aventure formidable. Ma mère donnait des cours d'anglais et fabriquait des colliers. Mon frère et moi grandissions.

Puis, un jour, nous sommes tous montés dans la voiture familiale, direction Saint-Malo cette fois. Mon père était recruté là-bas. Lorsque nous sommes arrivés, douche froide : la directrice de la structure qui devait l'employer lui a annoncé que le poste était pourvu. En réalité, il était inscrit sur une liste noire, en raison de son engagement syndical. Mais en ces années 1960, on trouvait facilement du travail. Il a été rapidement embauché par une maison des jeunes et de la culture (MJC) à Caen, en Normandie.

D'abord logés dans un dortoir de la maison des jeunes, nous avons bientôt bénéficié d'un logement HLM. Ma mère ouvrait notre appartement à tous les étrangers, quelles que soient leurs origines, leurs opinions politiques, leur couleur de peau. Guatémaltèques, Irlandais, Congolais, Espagnols, pieds-noirs se côtoyaient chez nous. La cuisine prenait des odeurs qui m'étaient inconnues. Autour de nous, les derniers bidonvilles disparaissaient, chacun allait bientôt avoir un logement.

Ma mère ne se contentait pas d'ouvrir notre appartement, elle organisait une vie communautaire, faite d'entraide et de partage. La voisine de palier me gardait quand j'étais malade, mon père nous déposait à l'école avec les enfants du dessous. Notre voiture ne démarrait pas ? Le voisin du troisième emmenait maman faire ses courses. Et le dimanche, c'était couscous au quatrième !

La seule ombre au tableau, pour moi, a été l'école primaire. Mon type asiatique souligné par une grosse frange de cheveux noirs m'a valu crachats et insultes. J'ai souffert du racisme, sans comprendre réellement ce que c'était. Descendre le pas-d'âne, cet escalier en pente douce aux marches très larges, pour me rendre à la cantine était un vrai calvaire. C'était l'endroit où je me faisais malmener. Je n'en disais rien à mes parents. J'étais trop jeune pour mettre des mots sur ces moments douloureux. Il allait me falloir encore quelques années pour prendre la mesure de ce qu'il se passait.

Est-il nécessaire de préciser que mes parents étaient de gauche ? Très jeune, j'ai participé, sur les épaules de mon père, à mes premières manifestations contre le racisme. Ils étaient tous les deux engagés, militants au Mouvement contre le racisme et pour l'amitié entre les peuples (Mrap). On ne discutait pas de politique à table avec eux car, à l'époque, seuls les adultes avaient droit à la parole pendant les repas, mais je les écoutais débattre avec leurs amis, et je parlais avec les miens.

Mes parents sont toujours restés « de gauche ». Il y a quelques années, ma mère s'est retrouvée à la une de *Libération*, faisant la bise à François Hollande ! Le Parti socialiste, qui venait de vendre son siège historique de la rue de Solférino, avait organisé une exposition d'adieu, à laquelle elle s'était rendue. Elle a croisé le premier secrétaire à l'entrée, il lui a demandé s'il pouvait lui faire la bise, un photographe passait par là… Mon père, qui a aujourd'hui quatre-vingt-treize ans, est resté, lui aussi, fidèle à ses convictions. En revanche, lui qui dévorait *Le Monde* depuis des décennies ne le lit plus avec la même conviction, ni les mêmes certitudes. Quand il a vu la manière dont le quotidien traitait l'affaire Traoré, il en a pleuré.

En grandissant, je me suis politisée. À gauche. Comme mes parents, comme tout le monde, dans le milieu lycéen un peu artiste où je vivais. Ma génération a participé à un grand mouvement de libération, dont la gauche était l'avocate.

Beaucoup ont oublié, ou ne savent pas, à quel point cette époque pouvait être pesante. En primaire, j'allais dans une école de filles. Nous avions des tables avec encrier, que nous devions cirer nous-mêmes. Elle était surnommée l'« école des pouilleux », car les élèves venaient de familles populaires… Il y avait encore un bonnet d'âne, que les mauvais élèves devaient porter. Ceux qui avaient le malheur de faire pipi dans leur culotte devaient faire le tour de la cour un drap autour du cou. La directrice me faisait monter sur la table pour que les autres admirent l'état miteux de mes chaussures... À mon entrée en sixième, au lycée, on portait encore des blouses, bleues pour les garçons et roses pour les filles.

Alençon était une ville très clivée, à la fois bourgeoise et ouvrière. Je me souviens d'une anecdote, nous étions au début des années 1970 : deux jeunes avaient pris six mois de prison ferme pour une chemise volée à l'étalage. Le maire applaudissait. Cette sévérité lui semblait indispensable, « pour qu'Alençon ne devienne pas Chicago » ! J'ai été très choquée. Je trouvais la sentence folle et disproportionnée.

Puis Mai 1968 est arrivé. Les souvenirs que j'en garde sont des moments d'effervescence euphorique et une liberté de parole soudaine. Ceux qui étaient en second cycle, les « grands », sont devenus accessibles et nous ont entraînés dans leurs rêves de « liberté » ! On a abandonné les blouses au lycée !

Adolescente, je rejoignais le soir la troupe de théâtre à laquelle j'appartenais. On se retrouvait après les cours à la Re (la Renaissance, célèbre brasserie alençonnaise) et nous refaisions le monde. Pendant quelque temps j'ai été sympathisante au Parti communiste, sans y adhérer. J'ai pris mes distances quand on nous a demandé de mener une action « punitive » envers un enseignant, et que personne n'a répondu à ma question : « Pour quoi faire ? »

Est-ce que j'aurais adhéré au PCF si j'avais été mieux renseignée ? La réponse est non. J'avais trop soif de liberté. D'indépendance. Il fallait se faire sa propre idée avec les « moyens du bord ». À l'époque les réseaux sociaux n'existaient pas et il n'y avait qu'une chaîne de télévision. Alors, aujourd'hui, quand je vois la page Facebook Vérité pour Adama et tous ceux qui écrivent dessus, cela me rappelle ma jeunesse : ils parlent sans savoir de quoi ils parlent... et continueront ainsi tant qu'ils n'auront pas compris qu'ils se font manipuler, tant qu'ils n'auront pas compris où se trouve leur liberté !

Il est évident qu'avec une telle éducation, faite d'ouverture, de respect, de chaleur, d'amour mais aussi de combat, je me suis efforcée de véhiculer ces valeurs autour de moi et, plus tard, dans l'éducation que j'ai donnée à mes enfants.

Après mes études, munie d'un diplôme de monitrice de travaux manuels, j'ai été tour à tour garde d'enfants, pré-emballeuse au rayon boucherie dans une grande surface, documentaliste, pour devenir ensuite, comme mon père, éducatrice spécialisée. J'ai travaillé auprès de personnes aveugles, de personnes handicapées mentales, de mères célibataires, de délinquants, d'enfants souffrant de cancer, d'autistes...

J'ai fini par quitter ce secteur, d'une richesse incroyable, parce que je n'y trouvais plus ma place. J'ai toujours été partagée entre, d'une part, l'envie de créer et, d'autre part, celle d'aider. Faire uniquement de la psycho ne me satisfaisait pas : il me manquait l'aspect créatif ; faire uniquement de la création ne me satisfaisait pas car il me manquait le côté psycho. Plusieurs années me seront nécessaires pour trouver enfin ma voie.

Je me suis donc réorientée et j'ai entrepris des études de graphisme. L'édition puis la communication sont devenues mes nouvelles branches. Passionnée par la créativité qu'offrent ces métiers, et alors que j'étais mère de famille nombreuse, j'ai préparé en un an un master en communication puis assisté à des cours de rédactrice à l'École française de journalisme de Paris. J'ai terminé ma vie professionnelle comme coach auprès de femmes en souffrance.

Sur le plan familial, j'ai d'abord rencontré le père de Romain. Travaillant comme coursier, il est retourné finalement à la fac pour reprendre des études. Nos idées politiques étaient les mêmes. C'était un homme entier et courageux ! Quand Mitterrand a été élu, le 10 mai 1981, il a foncé à la Bastille. Enceinte de mon premier enfant, je n'ai pu participer à la liesse collective. J'ai accouché le 13 mai ! De mes trois enfants, Romain est celui « du milieu ». Trois adultes maintenant, qui ont suivi leur propre chemin et dont je suis fière. À Paris, nous vivions dans un appartement HLM de soixante-quatre mètres carrés, dans lequel Romain fit ses premiers pas. La télévision marchait si on agitait les bras pour capter les ondes, le micro-ondes donnait des signes de faiblesse, l'aspirateur aussi, le réfrigérateur ne valait guère mieux, mais ce n'était pas grave tant qu'il y avait des rires, des pâtes et du ketchup.

En 1999, j'ai rencontré « l'homme de ma vie ». Ensemble, nous avons formé une famille recomposée avec cinq enfants, auxquels allaient s'ajouter au fil des années six petits-enfants. Nous avons quitté Paris pour Metz puis Toulouse, avant de nous installer en bord de mer. J'ai arrêté de travailler en 2015 afin d'aider mes enfants, à la suite d'un drame familial, et suis désormais officiellement retraitée. À toutes les vacances, notre maison est un lieu de retrouvailles. Frères et sœurs racontent leur vie, les souvenirs reviennent et les rires fusent. Mon mari s'investit en politique dans notre commune. Sa droiture, sa fidélité, son sens de l'honneur font de lui un homme solide.

Voilà ce que je peux dire de l'environnement familial de Romain, à ceux qui imaginent les gendarmes comme des excités d'extrême droite, prêts à tout pour assouvir leur vengeance et leur haine des Noirs et des Arabes. Voilà la famille ordinaire sur laquelle cette histoire s'est abattue.

Mon mari pensait que ce serait classé très vite. Il a réagi en homme rationnel : le dossier est vide, donc on classe ! Il s'est toujours dit serein et confiant en notre justice… J'ai découvert plus tard qu'en fait il cherchait à me protéger. À ne pas m'affoler.

De mon côté, j'ai plongé. Dès le début, comme je l'indiquais plus haut, je me suis mise à lire compulsivement tout ce qui était publié sur l'affaire. Les articles, les tribunes, les messages sur la page Facebook du comité. Tout. J'y passais des heures, des jours, des nuits, dans un sentiment de solitude énorme. Je ne voulais pas ennuyer mon mari, ni harceler Romain non plus. De son côté, sa femme l'avait persuadé de ne plus regarder les informations pour se préserver. Je n'allais pas l'appeler à tout propos, moi qui peux rester des semaines sans téléphoner à mes enfants. Je ne suis pas une mère envahissante. Je n'ai pas parlé non plus à mes voisins. Très peu de gens sont au courant.

Je me suis donc rendue malade, au sens propre, seule à ingurgiter toutes les monstruosités écrites sur mon fils. Je ne suis jamais intervenue sur la page Facebook du comité Vérité pour Adama. Parfois, je voyais des gens réagir positivement, mais ils étaient noyés dans les insultes. C'était un affichage de mensonges permanent, qui prenait incroyablement bien. Les commentaires appelaient à trouver les gendarmes, à les saigner, à leur faire la peau. Cette page est un exutoire, les gens viennent y dire n'importe quoi sous pseudo, y compris des choses abjectes, mais c'est le cas partout sur Facebook. J'en veux plutôt aux leaders, à ceux qui sont derrière, qui se sont emparés de la mort d'un homme avec un opportunisme total et instrumentalisent des jeunes, comme on a tenté de m'instrumentaliser encore gamine pour vandaliser une voiture.

J'ai eu peur pour mon fils, sa femme et leur fille. J'ai encore peur.

Ma belle-fille a toujours été là. Présente. Incroyablement forte. J'étais fascinée par l'énergie qu'elle déployait pour soutenir Romain. Son amour était palpable, partout, tout autour de lui. Elle l'entourait. Cherchait les mots justes. Unissait sa colère à la sienne. Son propre chagrin était rangé. Provisoirement. Elle savait qu'elle devait faire face. « À deux on est plus forts », disait-elle. En réalité, ils étaient trois, mais leur petite était encore un bébé. Leur bébé. L'enfant avait huit mois et subissait le contrecoup de cette histoire. Le mal-être parental étant si fort, elle s'exprimait par des cris, des pleurs, une certaine résistance au lourd silence des adultes. Je sentais sa douleur, voyais qu'elle perdait son sourire, sa joie de vivre. Conséquence, pour survivre à ces années elle a mis en place un mode de défense : l'attaque. Si elle veut exister, elle doit crier. Si elle veut qu'on l'entende au milieu de la souffrance, elle doit résister, lutter, s'opposer.

De mon côté, dans un état d'angoisse terrible, comme prise au piège, je ne savais où était la porte de sortie. Je ne dormais plus, j'étais scotchée à mon ordinateur, j'archivais des articles par centaines, que je recoupais compulsivement, relevant toutes les incohérences du comité Adama, gagnée par l'envie de hurler : « Comment les médias peuvent-ils être dupes ? » J'aimais beaucoup *Mediapart*, avant... Or, ces journalistes ont créé de toutes pièces une icône, Assa Traoré, dont le discours est à mes yeux violent, extrémiste. Je l'ai suivie à distance, j'ai lu ce qu'elle écrivait, ses interviews, j'ai assisté à la construction d'une idole, qui pour moi n'est qu'un mirage.

J'ai encaissé pendant des mois, des années. Le premier anniversaire de la mort d'Adama Traoré a offert un festival de mensonges : il était mort à cause d'un contrôle d'identité au faciès, les gendarmes l'avaient tué, etc. En septembre suivant, je suis allée voir mon médecin, qui m'a dit que je sombrais dans une grave dépression. À l'automne 2017, j'ai été placée sous antidépresseurs et somnifères. Malgré les traitements, les insomnies ont persisté. Et, pendant cinq ans, je n'ai pas eu une seule nuit « normale ».

Parce que les Traoré avaient envahi mon espace, que tout se décalait, des nausées de plus en plus fortes m'empêchaient de m'alimenter correctement. Incapable de prendre de la distance, je vivais sur les nerfs. J'ai commencé alors à maigrir. Et perdu dix kilos.

Début 2019, Romain a craqué au téléphone : il croyait que l'affaire allait enfin être classée mais l'avocat du comité Adama avait trouvé un énième artifice de procédure… De mon côté, incapable de faire face seule plus longtemps, j'ai osé téléphoner à maître Rodolphe Bosselut, l'avocat de mon fils. La seule fois où je lui ai parlé, comme dit auparavant, il m'a conseillé de prendre du recul et de me reposer sur lui.

Ma santé continuait à se dégrader. Asthmatique, j'engouffrais des antihistaminiques. Affaiblie psychologiquement, mais aussi sous l'effet des différents traitements dont j'avais besoin, j'ai fait un choc anaphylactique. Mon mari m'a retrouvée au matin sur le canapé, en train d'étouffer, de suffoquer même. Direction les urgences en ambulance. Depuis, je suis devenue intolérante aux sulfites, au sarrasin, et à des tas d'autres choses comme les conservateurs contenus dans les aliments ou ceux dans les emballages… J'ai mis plusieurs mois à revivre, à changer mes habitudes, à réapprendre à manger.

Mais comment retrouver le goût de vivre ? Comment mettre de la distance avec l'affaire, et enfin réagir ? Je voulais faire quelque chose, mais quoi ? Le dossier avait pris une ampleur tellement phénoménale que je ne savais par quel bout le prendre, seule avec mes petits bras. Pourtant, je sentais que dans ma revue de presse de près de deux mille articles, j'avais tout pour démonter les mensonges colportés. J'ai proposé à Romain de me mettre en contact avec les familles des deux autres gendarmes. Gentiment, il leur a transmis mes coordonnées. Ils n'ont pas réagi. Le nom d'un journaliste m'a alors été donné par l'intermédiaire de maître Bosselut. Il s'agit d'Erwan Seznec. Ce nom me parlait. Je suis allée regarder sur le Net de qui il s'agissait. Ce qu'il écrivait. Je l'ai appelé. Après une longue conversation téléphonique, nous avons décidé de nous rencontrer. Je ne serais plus seule !

À partir du moment où j'ai commencé à travailler sur ce livre, je me suis sentie mieux. Et j'ai cessé d'aller voir la page Facebook du comité Adama.

À mon tour maintenant de parler.

Intermède

Gendarmerie ou police, plus qu'un détail

Le comité Vérité pour Adama ne s'est jamais soucié de distinguer entre les deux grandes forces françaises de maintien de l'ordre : la police – qui compte 150 000 agents environ – et la gendarmerie – qui en compte 100 000. Il a toujours parlé indistinctement de « violences policières » alors que, dans l'affaire Traoré, ce sont bien des gendarmes qui étaient à la manœuvre.

Historiquement, la police couvrait les villes et la gendarmerie les campagnes. La première était rattachée au ministère de l'Intérieur et la seconde au ministère de la Défense. Ce n'est plus vrai aujourd'hui. Depuis 2009, la gendarmerie est rattachée à l'Intérieur et elle opère désormais assez souvent en milieu urbain ou périurbain. Les limites d'action des uns et des autres ne sont pas toujours flagrantes. Le secteur de Persan, couvrant également les communes de Beaumont-sur-Oise et de

L'Isle-Adam, est d'ailleurs, à l'origine, une zone affectée à la police. Il a été transféré à la gendarmerie en 2013, dans le cadre d'une réorganisation du maintien de l'ordre à l'échelle du département du Val-d'Oise.

Ce n'est pas un détail, car la police et la gendarmerie ont des méthodes, un encadrement et des doctrines loin d'être strictement identiques. En matière de maîtrise dans l'usage de la force, question évidemment au cœur de l'affaire Adama, il semble y avoir un avantage net en faveur de la gendarmerie.

Les comparaisons sont d'ordinaire délicates, car ni les populations ni les types de délinquance concernés ne sont exactement identiques entre la gendarmerie et la police. La crise des Gilets jaunes a fait exception, car elle a mobilisé tout l'appareil de maintien de l'ordre. Les résultats ont été massivement à l'avantage des gendarmes. Entre le 17 novembre 2018 et le 21 janvier 2020, trois cent soixante enquêtes judiciaires ont été ouvertes pour des violences présumées commises par des représentants des forces de l'ordre. Or, près de 94 % d'entre elles (trois cent trente-sept précisément) concernaient la police. Un rapport remis au Sénat par la sénatrice Les Républicains Jacqueline Eustache-Brinio en mars 2019 soulignait par ailleurs que la gendarmerie mobile, en cinq ans, avait tiré seulement 2,14 % du total des balles de défense utilisées par les forces de l'ordre, le reste provenant des rangs de la police nationale, toutes unités confondues. Ce qui était une demi-surprise. Depuis bientôt dix ans, des voix s'élèvent, chez les parlementaires comme chez les syndicalistes, pour dénoncer les problèmes d'encadrement et d'organisation spécifiquement au sein de la police. Tout n'est pas parfait dans la gendarmerie, loin de là, mais en comparaison, elle semble avoir une plus grande maîtrise de l'usage de la force.

On trouve à ce sujet un élément très intéressant dans le rapport remis à l'Assemblée par le député apparenté Insoumis François Ruffin en mars 2020, « visant l'interdiction des techniques d'immobilisation létales : le décubitus ventral et le pliage ventral ». Un passage du rapport concerne très précisément les gestes qui ont été accomplis lors de l'interpellation d'Adama Traoré. Le colonel Laurent de la Follye de Joux, chef du bureau de la formation de la gendarmerie nationale, déclare au rapporteur que « ni le décubitus ventral ni le pliage ventral ne sont enseignés ni appliqués dans la gendarmerie », où « l'objectif est d'utiliser les techniques les moins traumatisantes pour l'interpellé et pour le gendarme ». Comme le souligne François Ruffin, le mémento d'intervention professionnelle de la gendarmerie illustre l'immobilisation au sol avec un contrôle par l'épaule réactif, avec la mention en rouge : « Cette technique d'immobilisation se réalise sans exercer de pression thoracique[1]. »

On est vraiment au cœur du sujet Adama Traoré et François Ruffin le sait mieux que personne. Lors d'un meeting au Havre, en septembre 2017, le député fraîchement élu s'était fait huer parce qu'il avait refusé d'enfiler un T-shirt « Vérité pour Adama » alors qu'il se trouvait à la tribune. Il avait justifié son refus en disant qu'il devait d'abord se renseigner. Il l'a fait. Et dans son rapport de 2020, il enfonce le clou : « Si c'est dans le cadre d'une intervention de la gendarmerie qu'est mort Adama Traoré, c'est le seul cas impliquant des gendarmes parmi tous ceux que nous avons évoqués. La gendarmerie a une doctrine claire, et la pratique des gendarmes l'est donc bien davantage que celle de la police. La réponse apportée par les représentants de la gendarmerie nationale à la question posée par votre rapporteur : "Que changerait pour vous l'adoption de la proposition de loi ?" a été limpide : "Rien, absolument rien[2]." Nous proposons en fait une unification de la doctrine d'intervention des forces de l'ordre françaises en matière d'immobilisation ventrale », conclut le rapporteur.

1. « Rapport sur la proposition de loi de François Ruffin et plusieurs de ses collègues visant l'interdiction des techniques d'immobilisation létales : le décubitus ventral et le pliage ventral (2606) », nº 2741, 4 mars 2020, p. 61-62.

2. *Ibid.*, p. 62.

Compte tenu de l'influence considérable que le comité Adama avait à l'époque au sein de la France Insoumise, la lucidité et l'indépendance d'esprit dont François Ruffin a fait preuve en écrivant ces lignes ne sauraient être trop soulignées.

3

Un gendarme prénommé Romain

« Les communautés racisées souffrent d'une discrimination institutionnelle, due à un racisme d'État. L'invisibilisation leur est intolérable. Soucieux d'intersectionnalité, ils souhaitent une communication inclusive sans racisme systémique. Nourris de pensée décoloniale, ils adhèrent aux mouvements indigénistes et rejettent la blanchité… »

Aujourd'hui, par la force des choses, je saurais expliquer, dans les grandes lignes, ce que veut dire le texte ci-dessus. Avant l'affaire Traoré, je n'avais jamais entendu ces mots. « Décolonisation », oui, mais « décolonial », pas vraiment. Certains points restent d'ailleurs encore mystérieux. L'« indigénisme », par exemple, cherchait à l'origine à valoriser les cultures amérindiennes pour les intégrer dans la nation, si j'ai bien compris. À l'heure actuelle, « intégration » est presque un gros mot. Il faut préparer la révolution. Je saisis mal également le concept de minorités visibles qui seraient « invisibilisées ». C'est un terme qu'Assa Traoré emploie souvent, mais je ne suis pas sûre de comprendre ce qu'elle veut dire[1]. Je saisis encore moins le propos de Youssef Brakni et Geoffroy de Lagasnerie, deux piliers du comité, bavards, jargonneurs intarissables.

Ce dont je suis sûre en revanche, c'est que le grand public n'y comprend rien du tout. Pour les gens qui m'entourent, ce jargon est comme une langue étrangère à destination des intellectuels, conçue pour mettre les citoyens ordinaires sur la touche. Ils subodorent que cela cherche à déstabiliser la société, mais le sens des mots leur échappe. « Raciste », tout le monde comprend, mais « racisé » ? Le mot est entré dans le dictionnaire *Le Robert* en 2019 et seulement en 2022 dans le *Petit Larousse*.

Je ris encore au souvenir d'une conversation dans mon quartier, à un moment où l'affaire Traoré était hypermédiatisée. Mon voisin essayait de comprendre ce que voulait dire « woke[2] ». Comme il connaissait le

1. « Si ces hommes non blancs avaient été imposés dans l'espace public, peut-être que mon frère aurait été regardé autrement, peut-être que mon frère ne serait pas mort. Nos frères ont toujours été invisibilisés. » Assa Traoré, conférence de presse du 10 juin 2020, à l'occasion de l'inauguration d'une fresque éphémère – pour le coup très visible (plusieurs mètres de haut) – dans Paris, mêlant le visage de son frère et celui de George Floyd.

2. « Woke », c'est-à-dire « éveillé », désigne une forme de conscience aiguë des problèmes liés à toute forme de discrimination, réelle ou présumée, consciente ou inconsciente.

wok, cette grande poêle à frire thaïlandaise dans laquelle on met un peu ce qu'on veut, il en avait déduit que le woke, au sens abstrait, était aussi un fourre-tout, un chaudron conceptuel où l'on pouvait mélanger n'importe quoi, qu'ensuite on faisait mijoter afin que la sauce prenne. Ce n'était pas si mal vu.

Débarquer chez les décoloniaux-indigénistes-racisés, c'est un peu comme entrer dans une entreprise. Tous les métiers ont leur jargon : « Pour la meuleuse d'ébardage, disque abrasif au zirconium, toujours, mais choisis l'alésage en fonction du diamètre d'arbre », etc. Bienvenue à la chaudronnerie Traoré ! Vous êtes stagiaire, vous êtes perdu. Il faut adopter le vocabulaire pour s'intégrer, et le fait de le maîtriser renforce le sentiment d'appartenance à un petit groupe d'élus, de ceux qui savent. Le problème, évidemment, c'est que le comité Adama prétend représenter les quartiers populaires. Allez causer indigéniste dans une cité : qui va comprendre ? D'ailleurs, au début, Assa Traoré elle-même n'utilisait pas toutes ces formules ampoulées. Plus d'une fois, en voyant des textes signés d'elle, j'ai eu la conviction très nette que quelqu'un les avait écrits à sa place.

Je me demande si maintenant, à la maison, elle est woke avec ses enfants.

Dans ce registre, je n'ai aucune leçon à donner. Je ne pense pas qu'il y ait de recette pour élever sa progéniture. On fait comme on peut avec sa propre histoire, mais il n'est peut-être pas inutile que je raconte la mienne. Après tout, je suis censée avoir élevé un meurtrier, un lâche, un raciste, qui s'est déchaîné sur un jeune homme innocent, à trois contre un.

Winnicott disait qu'il n'y a pas de bonnes mères, mais des mères « suffisamment bonnes ». J'ai fait ce que j'ai pu pour l'être. J'ai élevé mes enfants afin qu'ils soient les plus autonomes possible. Qu'ils aient le plus d'ouverture d'esprit possible. Qu'ils se montrent tolérants, respectueux, protecteurs… Éveiller leur intelligence a toujours été mon leitmotiv. Répondre à toutes leurs questions, sans tabou, était indispensable. Aborder les différences, toutes, aussi. Savoir lire pour s'instruire, pour voyager, pour s'évader. Ne pas recevoir toutes les informations qui défilent en continu sans prendre de recul. Chercher à comprendre, toujours. Regarder un film stupide en sachant qu'il est stupide. Être heureux de vivre à cinq dans soixante-quatre mètres carrés tandis que d'autres n'ont qu'une pièce. Savoir apprécier les pâtes avec ou sans ketchup. Et puis rire. Rire. Souvent. Tels étaient les principes enseignés.

L'une des questions qu'ils m'ont souvent posées était : « Maman, pourquoi on va à l'école ? » Alors là… Pas facile. Répondre : « Pour jouer » me paraissait idiot,

« Pour apprendre » un peu facile, « Parce que c'est obligatoire » trop simpliste… Alors je rétorquais : « Pour apprendre à être de bons chasseurs de mammouths ! » Devant leur air ahuri, j'expliquais : « Autrefois, il y a très longtemps, pour manger il fallait aller à la chasse au mammouth. Et seul un bon chasseur pouvait rapporter à manger à sa tribu. Les temps ont changé et je ne peux pas aller en grande surface avec une lance pour tirer sur un paquet de gâteaux ou de la sauce tomate… Donc quand je pars le matin au travail, je vais tuer un mammouth "boulot". À la fin du mois je suis récompensée ! Vous, vous allez à l'école pour tuer des mammouths dessin, lecture, chant… et chacun est récompensé. Nous pouvons être fiers de notre journée. Mais attention, il y a de grands chasseurs de mammouths à l'école. Ce sont les professeurs. Ils sont là pour vous apprendre plein de choses, mais ils peuvent aussi tendre des pièges. À vous d'être meilleurs qu'eux. » Le danger de mon explication est que, lorsqu'on intègre l'idée d'être un chasseur de mammouths, on recherche l'excellence.

De tous, Romain est celui qui a le plus appliqué cette idée. Il l'a mise très vite en pratique. Un peu trop vite sans doute. Un peu trop tôt sans doute aussi… Sa capacité à saisir rapidement une situation a toujours été incroyable. Sa facilité à déstabiliser les adultes aussi.

Il est en maternelle. Moyenne section. Par chance, un soir, je peux arriver plus tôt à l'école. Toute contente, je monte le pas-d'âne menant à sa classe et je le trouve dans le couloir, face au mur, les mains sur la tête. À ce moment, la porte s'ouvre à toute volée et sa maîtresse crie : « Romain, rentre ! » M'apercevant, elle m'explique : « Ce n'est pas moi qui l'ai puni, il s'auto-punit parce qu'il trouve que je ne suis pas assez sévère ! » Elle ajoute qu'elle n'en peut plus. Lorsqu'elle annonce : « On fait pâte à modeler », il propose peinture et la moitié de la classe veut faire peinture… Je suis sidérée. Je lui rappelle et souligne que c'est elle l'adulte ; que si Romain mérite d'être puni, cela ne me pose pas de problème… Elle me dit qu'elle a demandé sa mutation. À la rentrée suivante, elle ne sera plus là.

« Maman, tu crois à la réincarnation ? Parce que moi, j'y crois. Quand je reviendrai sur la terre, je voudrais être moitié écureuil, moitié oiseau et moitié poisson, comme ça je connaîtrais la terre, le ciel et l'eau. » Je n'ai pas eu envie de reprendre les moitiés. Moi, j'ai tout pris. Comme ça.

Il a alors quatre ans.

Un autre jour, Romain me demande : « Dis, maman, c'est quoi ta plus grande réussite ? » Je réponds : « Vous. Tous !

— Et qu'est-ce que tu détestes le plus ?

— La bêtise humaine !

— Non mais vraiment, maman…

— La bêtise humaine, vraiment !

— D'accord. »

Il a cinq ans.

Je l'emmène à l'école un matin, pressée comme toutes les mères qui travaillent. J'ai déposé le petit à la crèche, secoué le grand pour qu'il se lève, avalé un café brûlant, oublié de débarrasser la table du petit déjeuner, mis mon pull à l'envers. Je sens que la journée va être compliquée et puis, sur le trajet menant à l'école, j'entends Romain me dire : « Maman, il faudrait inventer un système pour les voitures… Tu vois, un système avec un filtre, comme ton aspirateur, pour qu'elles ne polluent pas. Un filtre qu'on pourrait changer facilement. Mais le problème, c'est que le prix de vente du véhicule devrait être inférieur ou égal au prix de vente des véhicules actuels. » Là, je me dis que ma journée va être fantastique !

Un soir, je surprends Romain en train de lire avec sa lampe de poche, caché sous les couvertures. Ce n'est plus l'heure. Je prends le livre. Il est énorme et très lourd. C'est le dictionnaire. « Tu lis le dictionnaire ?

— Oui.

— Mais pourquoi ?

— Parce que je veux apprendre tous les mots ! »

Il en est à la lettre D. Que de nuits, que d'heures passées pour en arriver là !

Il a six ans.

Romain a toujours eu la soif d'apprendre. Soif de savoir. Une capacité à avancer. Vite. À apprendre. Vite. Il pose des questions. Tout le temps. Il veut comprendre.

Il m'est difficile de surveiller la scolarité des enfants. Je cours sans cesse. Je décide de les changer d'école. Romain prend ses marques dans le nouvel établissement. À la fin du premier trimestre, je suis convoquée par la professeure de musique. Je pense qu'il a encore dû prendre la défense d'un autre enfant… Il n'en est rien. « Madame, je vous ai demandé de venir pour vous parler de votre fils. Au début du trimestre j'avais peu d'espoir pour Romain. Son niveau était très faible mais il a terminé le trimestre avec la meilleure moyenne de la classe. Vous devriez lui faire faire du piano ! » Du piano ? Romain ? En voilà une bonne idée ! Je n'avais pas pensé à mettre un piano dans mon petit appartement HLM, qui plus est pas vraiment bien insonorisé… Peut-être qu'il en existe qui se transforment en convertibles ! Je rumine. En arrivant à la maison, j'appelle mon fils : « Dis-moi, mon chéri, tu veux faire du piano ?

— Du piano ? Non, pourquoi ?

— C'est ta prof de musique qui m'en a parlé. Ta moyenne est de dix-neuf sur vingt !

— Ah, c'est pour ça ! Non, en fait c'est parce que je ne supporte pas d'avoir de mauvaises notes ! »

Il a sept ans.

Il m'est difficile de parler d'un seul de mes enfants tant il fait partie d'un « tout ». Nous sommes une famille unie. Une tribu. Nos cinq enfants ont choisi des voies diverses. Dans des secteurs très différents : l'alimentaire, le bricolage, le médical, l'art et l'armée.

Nous n'avons jamais imposé quoi que ce soit, ni orienté leurs choix. Nous avons juste été ouverts aux discussions et les avons aidés en étant proches d'eux. Nous leur avons toujours dit que quel que soit le métier qu'ils voulaient faire, nous les suivrions, à partir du moment où c'était un désir vrai qui correspondait à leurs aspirations. Pour nous, l'essentiel a toujours été qu'ils soient le plus heureux possible dans leur travail, dans leur vie.

Romain a dix-sept ans. Si sa terminale S a bien commencé, elle finit mal. Il décroche. Il peine à trouver sa place. Il ne supporte pas son lycée. Son franc-parler n'est pas vraiment apprécié dans l'établissement… Il rate son bac. À la rentrée scolaire de septembre, je le vois partir avec sa moto. Le soir, à son retour, je l'accueille froidement : « Où étais-tu ?

— Au lycée, pour la rentrée…

— Pardon ? Romain, tes profs étaient nuls, paraît-il. Penses-tu qu'après deux mois de vacances, ils ne le seront plus ? Tes copains de classe étaient tous des cons… Mais la majorité d'entre eux a eu le bac et ceux qui repiquent comme toi seront toujours aussi cons, non ? Et tu veux repartir pour une année ? On va faire simple : il n'en est pas question. À partir de demain, tu cherches un boulot et je veux que tu me dises tes objectifs ! »

Romain est furieux. Il sort de table. Bientôt il revient : « Je veux être gendarme. » Je m'attendais à plein de choses, mais pas à ça. « Gendarme ? Et ça fait longtemps que tu y penses ?

— Depuis que j'ai dix ans.

— Mais pourquoi tu ne nous en as jamais parlé avant ?

— Parce que j'avais peur que vous vous y opposiez. »

Il n'avait pas complètement tort. Au tout début de son entrée en gendarmerie, l'idée que mon fils soit un militaire me troublait. Que je respecte son choix était une chose, que je l'intègre une autre. Dans une famille de gauche, parfois très à gauche, c'était… disons… particulier. Brillant et intelligent comme il l'était, on le voyait plutôt faire des études de médecine. Du côté de ma famille, il y avait eu des médecins alors que personne ne s'était aventuré ni dans la gendarmerie ni dans un autre corps d'armée. La majorité d'entre nous ne faisait aucune différence entre la police et la gendarmerie, les réduisant tous à des fonctionnaires cachés au bord d'une départementale en ligne droite pour distribuer des PV. Pour moi, un gendarme, en gros, c'était Ludovic Cruchot, maréchal des logis à Saint-Tropez. Je n'avais jamais poussé plus loin mes recherches, me contentant de ces références cinématographiques, comme beaucoup. La revue *Ça m'intéresse* de juillet 2018, pour illustrer un article « Police/gendarmerie : quelles différences ? », a utilisé une photo de Jean-Paul Belmondo dans *Flic ou voyou* et une de Louis de Funès dans *Le Gendarme de Saint-Tropez*, avec en titre : « Les différences ne vous sautent toujours pas aux yeux ? Ce qui suit devrait achever de vous éclairer ! » Une catastrophe en matière d'image, *Le Gendarme de Saint-Tropez*...

Mise devant le fait accompli, j'ai écouté. J'ai cherché. J'ai lu. J'ai fait la connaissance des collègues de Romain. Entendu ses supérieurs. Si cela me rassurait sur son choix, j'avais encore un sacré chemin à parcourir avant de comprendre le métier de gendarme, ses devoirs, ses contraintes, les possibilités...

La gendarmerie offre un choix extraordinaire de métiers : plus de quatre cents ! Je ne sais pas combien de corps d'armée proposent une telle palette. La majorité des gendarmes sont affectés dans l'opérationnel, mais d'autres travaillent dans le domaine administratif et technique. Un gendarme peut décider de faire carrière dans la même unité ou de se spécialiser. Rien n'est figé et celui qui veut progresser en a la possibilité. Découvrir cela a été très important pour moi. Romain pourrait évoluer s'il en avait envie.

Cela dit, le métier de gendarme est particulier, du fait même qu'il s'agit d'un corps d'armée. Un gendarme est avant tout un militaire. Il obéit à sa hiérarchie et doit connaître les codes en vigueur. Il a une obligation de réserve et ne peut s'exprimer. Son image ne lui appartient pas. Dans l'affaire Traoré, ni Romain ni ses collègues ne peuvent communiquer. Seule la hiérarchie le peut, mais elle a choisi le silence.

Un gendarme prête serment : « Je jure d'obéir à mes chefs en tout ce qui concerne le service auquel je suis appelé et, dans l'exercice de mes fonctions, de ne faire usage de la force qui m'est confiée que pour le maintien de l'ordre et l'exécution des lois. » Ce fut un moment très important pour Romain. Il faut avoir vingt ans pour prêter serment et, à la fin de ses études de sous-officier, il ne les avait pas encore. Il a donc juré un peu plus tard. Il s'y est toujours tenu.

Parmi les métiers proposés, l'un d'entre eux en particulier attirait mon fils, le GIGN. Il en a parlé tout de suite, mais sans nous dire d'où venait cette idée. C'est seulement bien plus tard qu'il nous a raconté que, vers huit ans, un reportage sur le GIGN l'avait marqué. Pourquoi le GIGN ? Je crois qu'il était attiré par le côté physique et l'appartenance à un corps d'élite.

Romain a passé la sélection pour entrer en école de sous-officiers à dix-huit ans et quinze jours. Sans problème. Le major qui gérait les tests a été agréablement surpris. Il l'a félicité pour ses résultats. En attendant d'intégrer l'école, mon fils a fait les marchés et travaillé au fast-food. En août, à tout juste dix-neuf ans, il est entré à l'école de sous-officiers. En janvier, il était troisième de sa promotion, sans trop forcer apparemment. Il me disait : « Pour choisir mon affectation, il me suffit d'être dans les dix premiers, inutile que je termine premier… » Il a terminé effectivement dans les dix premiers et choisi la mobile de Versailles-Satory, proche du GIGN, dont il comptait bien passer les tests après quelques années.

Après la mobile, il y a eu des missions en Afrique et, alors qu'il avait à son actif quatre ans de gendarmerie en tant que sous-officier, Romain a décidé de passer le concours pour devenir officier de police judiciaire (OPJ). Juste après, son intention initiale de rejoindre le GIGN a été empêchée par un grave accident en service. Bilan : colonne vertébrale fracturée. Il allait mettre six mois à se rétablir.

Cette volonté de devenir OPJ était pour moi la concrétisation définitive du choix de Romain, si jamais j'avais douté : il avait trouvé sa vocation. Je sentais son investissement et sa passion pour ce métier. Un OPJ est chargé d'enquêter sur différents crimes, de collecter des preuves et des indices sur les lieux d'un meurtre, de faire des perquisitions et des saisies, de surveiller des personnes suspectées d'infractions en tous genres, d'arrêter des trafiquants.

Mais être OPJ est aussi usant. Tout le contraire du fonctionnaire qui fait ses heures et rien que ses heures. Car il faut être prêt à être sollicité hors temps de travail et à se rendre disponible quand une enquête le nécessite, le jour et la nuit, certains week-ends ou jours fériés, surtout lorsqu'il y a une opération de filature en cours. En découvrant toutes les attentes vis-à-vis d'un gendarme OPJ, son immense disponibilité, les différentes missions possibles, sa capacité à encadrer une équipe, j'ai compris pourquoi mon fils s'était engagé. Ce métier était vraiment fait pour lui.

Pendant toutes ces années, j'ai vu Romain changer. La confrontation à la dureté de la vie, à la misère, à la violence, aux injustices a fait de lui un être tout à la fois sensible et terriblement réaliste. Il a pris de la distance pour supporter l'insupportable. Il n'en parlait pas beaucoup avec nous, mais il vivait un quotidien de violence, de mort oppressant. Mon fils est quelqu'un qui a beaucoup plus d'expérience de la vie que n'importe quel membre du comité Adama ! Arriver sur des scènes de violences conjugales ou d'infanticide n'est en rien évident. La mort est toujours difficile. On ne s'y habitue pas, jamais. Mais elle est là. Il faut se mettre une seconde à la place des gens qui font le métier de mon garçon et réécouter les propositions démagogiques de désarmement de la police : va-t-on leur donner des guimauves à offrir aux truands, dans l'espoir que la surprise les désarçonne ?

Romain a quand même gardé sa capacité à rire et à faire la fête. C'est lors d'une soirée chez des amis qu'il a fait la rencontre de sa compagne, celle qui est devenue plus tard la mère de leur petite fille. Elle est issue d'une famille de forains du Nord. J'admire énormément ma belle-fille, femme extraordinaire dans la crise terrible qu'ils traversent.

Par la suite, Romain est devenu adjudant, puis il a intégré un peloton de surveillance et d'intervention de la gendarmerie avant un Psig Sabre, ces unités créées après les attentats du 13 novembre pour faire face à la montée du terrorisme. Les militaires qui rejoignent les Psig sont tous volontaires. Avec comme première vocation la lutte contre la délinquance de voie publique, qu'elle soit préventive ou dissuasive, dans des zones sensibles et prioritairement la nuit. Il faut avoir le sens de l'initiative, un tempérament volontaire, une excellente condition physique et… une conjointe patiente tant les Psig peuvent engager leurs militaires vingt-quatre heures sur vingt-quatre et sept jours sur sept. Ainsi, parfois, Romain ne voit pas sa fille pendant plusieurs jours, parce qu'elle est couchée quand il rentre et qu'il quitte la maison avant son réveil. Quelle vie particulière ! Il est arrivé que j'aille lui rendre visite un week-end. Mais, alors qu'il avait posé des jours, je suis repartie sans l'avoir vu.

Détail important : avant d'intégrer le Psig Sabre, Romain a obtenu son monitorat d'intervention professionnelle (Mip) ; autrement dit, il n'est pas seulement formé aux techniques d'immobilisation qui ont été mises en œuvre pour maîtriser Adama Traoré, il est habilité à les enseigner.

Si je raconte tout cela, c'est pour faire comprendre qui est vraiment le gendarme ayant supervisé l'interpellation d'Adama Traoré, mais aussi pour pointer quelques contre-vérités. Nous avons trop besoin des Psig pour les envoyer harceler des gamins inoffensifs ou contrôler les papiers de quelques paumés fumeurs de joints au pied des tours. Si on les a missionnés ce jour-là, c'est parce que Bagui Traoré était un délinquant multirécidiviste considéré comme dangereux.

Le 19 juillet 2016 a mis provisoirement la carrière de mon fils entre parenthèses. Son nom a été tagué, sa tête mise à prix. Pour le protéger, ainsi que sa famille, il a été exfiltré en quelques heures. Fait exceptionnel pour la gendarmerie, il a dû attendre un nouveau lieu d'affectation plusieurs mois durant, comme les cinq autres gendarmes. Certains ont envisagé de démissionner ; ce ne fut jamais le cas de Romain. Il a été profondément affecté, mais il sait quels gestes il a accomplis et qu'aucun d'eux ne peut expliquer la mort d'Adama Traoré. Et comment imaginer, connaissant sa vie et son parcours, qu'il ait pu partir en mission avec l'idée de tuer ?

Intermède

« Affaire Adama Traoré », bataille autour d'une page Wikipédia

À l'automne 2021, l'internaute à la recherche d'un peu d'objectivité, désireux de savoir ce que l'encyclopédie collaborative Wikipédia racontait à propos d'Adama Traoré, tombait sur l'avertissement suivant : « Les contributeurs sont tenus de ne pas participer à une guerre d'édition sous peine de blocage. Cette page a subi récemment une guerre d'édition au cours de laquelle plusieurs contributeurs ont mutuellement annulé leurs modifications respectives. » Il s'agit d'un message standard, posté par les administrateurs bénévoles de Wikipédia, lorsque des contributeurs en désaccord s'écharpent autour d'un article.

Autour de la mort d'Adama Traoré, la guerre a eu lieu, et elle a viré au combat de tranchée, long et harassant, pour des gains dérisoires. L'article a été modifié, contre-modifié, amendé et corrigé plusieurs milliers de fois. Les discussions ont démarré dès la création de la fiche, le 1er août 2016. Des contributeurs expérimentés, que l'affaire ne passionnait pas spécialement, ont proposé de la supprimer, purement et simplement, partant du constat que c'était un simple fait divers. D'autres faisaient valoir que la presse en parlait beaucoup. Mais une encyclopédie devait-elle suivre l'opinion ? « Faire un article encyclopédique sur un sujet si banal ? » se désolait sg7438 le 2 octobre 2016, avant de se résigner : « Je prépare mon prochain sujet à deux balles ! »

Malgré les sarcasmes de sg7438, l'article a été conservé, au terme de ce qu'on appelle en jargon wiki un « débat de suppression ». Avec 61 % de voix favorables, ce n'était pas un plébiscite, mais le suffrage était honnête. Seuls comptent, dans ces débats de suppression, les avis de ceux qui ont au moins cinquante contributions aux articles en ligne. On ne peut donc accuser le comité Adama et ses sympathisants d'avoir bourré les urnes.

Par la suite, en revanche, les contributeurs convaincus que le décès du jeune homme était une bavure ont inlassablement tenté d'orienter la fiche dans un sens défavorable aux gendarmes. Wikipédia étant d'une transparence totale, l'historique des modifications est consultable, tout comme les discussions entre les contributeurs. Certains se sont pris au jeu : il est arrivé qu'un même contributeur intervienne plusieurs dizaines de fois dans la même journée ! Les plus acharnés, devenus incontrôlables, ont été bannis provisoirement ou temporairement de Wikipédia par les administrateurs. Ces derniers sont eux aussi des bénévoles. Malgré leur dévouement, même avec l'aide des robots qui protègent l'encyclopédie des sabotages les plus grossiers, ils ne peuvent être partout. C'est ainsi que la fiche Adama Traoré a parlé pendant près d'un an de « crime ». Quelques internautes ayant fait remarquer que c'était aller un peu vite en besogne, la justice n'ayant pas tranché, le « crime » est devenu en 2017 un « homicide involontaire ». « Homicide involontaire, aujourd'hui, c'est la version de la famille et uniquement de la famille », a protesté un internaute en octobre 2018. Personne, en effet, n'a jamais été mis en examen pour homicide involontaire dans cette affaire. Pourtant, ce ne fut qu'en janvier 2020 que la fiche Adama Traoré cessa d'employer cette expression orientée. « Je constate qu'il aura fallu huit cent quatre-vingt-cinq jours, c'est-à-dire deux ans, cinq mois et deux jours pour que vous supprimiez la notion de crime ou même d'homicide involontaire, se désolait un contributeur. Seule une injonction des administrateurs a pu vous la faire changer. » Peine perdue ! Mis à la porte, l'homicide involontaire est revenu par la fenêtre. En octobre 2021, l'article affirmait à nouveau, dès le premier paragraphe, que « l'instruction s'oriente autour d'allégations d'homicide involontaire ». C'est bien le motif de la plainte déposée par la famille, mais de là à dire que, « l'instruction s'oriente » dans cette direction, il y a une marge.

Écrit par des rédacteurs aux convictions antagonistes, l'article finit de façon écartelée. Très long, minutieux sans être clair, il met sur le même plan des informations essentielles et des détails apparemment sans importance, mais qui visent à orienter le lecteur. Faut-il indiquer, par exemple, qu'Assa Traoré a « la voix calme, le mot précis, le timbre sûr » ? Dans un article à vocation encyclopédique, c'est un peu ridicule. L'auteur de la précision, O. Taris, a protesté le 8 mars 2017 qu'il avait trouvé l'information dans *Le Monde*. « Je crois que le contexte politique doit pousser à la modération de ce genre d'ardeur », lui a répondu un autre internaute, qui a appelé à « mettre en perspective les propos des journaux avec leur orientation politique » – la rédaction du *Monde* appréciera. Wikinaute très expérimenté, O. Taris en est convenu et a accepté le retrait de la phrase.

Comme souvent sur Wikipédia, la question des sources recevables est lancinante. « Un petit conseil, en tant que Beaumontois, a écrit ainsi un anonyme le 15 mars 2017, méfiez-vous des articles d'Elsa Vigoureux de *L'Obs*, que vous citez beaucoup trop souvent, car il est clair que la ligne éditoriale de *L'Obs* est MANIFESTEMENT à décharge des Traoré. » Les majuscules sont de l'auteur. « Elsa Vigoureux, qui a copublié avec Assa Traoré un livre à charge contre les gendarmes sur le sujet, a de ce simple fait un intérêt financier dans cette affaire : elle n'est pas neutre », a renchéri CambyseDarius le

9 octobre 2021. La discussion a alors dévié vers *Valeurs actuelles*. Selon CambyseDarius, l'hebdomadaire de droite était « pour des raisons évidentes une source à éviter, ce qui est différent d'ailleurs d'une source à proscrire ». En clair, le comité Adama incarnant à la perfection tout ce que *Valeurs actuelles* adore haïr, personne ne pouvait attendre de lui une quelconque objectivité dans ce dossier. Avec une petite réserve, soulignée par CambyseDarius : *Valeurs actuelles* « n'a jamais été attaqué par le comité Adama ou Assa Traoré, qui pourtant ne répugnent pas aux procédures incidentes ».

CambyseDarius n'avait pas tort, mais il en a trop fait. Le 10 octobre 2021, il a été « bloqué en écriture » sur l'article « Affaire Adama Traoré » pour deux semaines, le temps de laisser redescendre la température. La lassitude des wikinautes, attachés à la qualité de l'encyclopédie plus qu'au dossier Traoré, était alors palpable. « Désolée pour les contributeurs pris dans les tirs croisés », écrivait Bédévore le même jour. Cette contributrice assidue de Wikipédia est venue bénévolement mettre un peu d'ordre – ou du moins essayer – dans un article qui, précisait-elle, « ne m'intéresse pas beaucoup », parce qu'elle est « vivement opposée aux tentatives d'asservissement de Wikipédia à des fins promotionnelles ».

Ces tentatives sont incessantes, car l'irremplaçable encyclopédie en ligne est un puissant levier de formatage de l'opinion. L'article sur la mort d'Adama Traoré pouvait d'autant moins échapper aux manipulations que l'affaire tout entière est elle-même une opération de propagande. L'immense majorité des membres du comité Adama n'ont pas connu le jeune homme. Pour eux, ce n'est qu'un prénom et une photo. Ils utilisent sa mort dans une perspective de transformation lointaine et radicale de la société. Dès lors, tenter de biaiser Wikipédia n'était pas une possibilité, mais un devoir.

4

Le comité Adama, une affaire de professionnels

Ceux qui imaginent le comité Vérité pour Adama comme un mouvement spontané, lancé par des habitants des quartiers populaires de Beaumont-sur-Oise afin de défendre la mémoire de l'un des leurs, commettent une double erreur. En réalité, son noyau actif est composé de militants professionnels ou semi-professionnels. Aucun d'entre eux ne vivait à Beaumont-sur-Oise au moment du décès, pas même Assa Traoré, qui est d'ailleurs la seule à avoir connu Adama Traoré. Pour tous les autres membres très impliqués, Adama Traoré se résume à un nom et à quelques photos.

Juridiquement, le mouvement est une association sobrement appelée Adama. Elle a été déclarée en préfecture du Val-de-Marne le 3 octobre 2016, avec comme adresse celle d'Assa Traoré. Celle-ci, on l'a vu, réside à Ivry-sur-Seine, à soixante kilomètres de Beaumont-sur-Oise (une heure et demie de route). Dans les médias, l'association s'est d'abord appelée Justice et Vérité pour Adama, puis le mot « justice » a disparu, sans qu'il faille y voir un signe quelconque. L'intitulé était sans doute trop long.

Le mouvement préexistait à l'association. Il a été créé dès le lendemain du décès par des militants qui se sont précipités à Beaumont-sur-Oise en apprenant que le secteur s'embrasait à la suite de la mort d'un jeune à la gendarmerie. « Dès que j'ai vu l'histoire de la famille Traoré sur BFM, j'ai foncé direct à Beaumont ! » racontait Youcef Brakni au magazine d'information en ligne *StreetPress* du 4 octobre 2018. Youcef Brakni, trente-cinq ans aujourd'hui, se présente comme professeur d'histoire et de géographie. Passé par le Mouvement islamique de libération et le Parti des indigènes de la République (PIR), il se définit lui-même comme un défenseur des habitants des quartiers, mais il n'y vit pas.

Le 20 juillet 2016 donc, il file à Beaumont en compagnie d'une figure historique de la lutte contre le racisme et les violences policières, Samir Baaloudj Elyes. Aujourd'hui grand-père, Samir B. Elyes militait déjà dans les années 1990 au sein du Mouvement de l'immigration et des banlieues (MIB), lui-même issu de la Marche pour l'égalité et contre le racisme de 1984. Il s'est engagé dans le MIB en 1997 à la suite du décès d'un de ses amis, tué en tentant de forcer un barrage de police à Dammarie-lès-Lys. La mort du jeune Abdelkader

Bouziane a provoqué plusieurs jours d'émeutes, à la cité de la Plaine-du-Lys de Dammarie. L'enquête sur le policier auteur du tir mortel s'est terminée par un non-lieu, que Samir B. Elyes n'a jamais accepté. Autant dire que Beaumont-sur-Oise a, pour lui, un goût de déjà-vu et peut-être de revanche.

Près de vingt ans séparent Samir B. Elyes et Youcef Brakni, mais ils ont de nombreux points communs. Ils sont l'un comme l'autre militants de la cause palestinienne. Ils voient des similitudes entre le sort des habitants de la bande de Gaza et de ceux des banlieues françaises. L'un comme l'autre sont des militants d'extrême gauche ayant fait leur deuil du Grand Soir. « Moi, j'y crois plus à un véritable mouvement, on a déjà essayé y a dix ans, y a vingt ans, on va pas se voiler la face. Aujourd'hui, ce qui marche, c'est le local, c'est l'éducation populaire que t'arrives à installer là où t'habites », expliquera Samir B. Elyes dans un entretien à *Hustle Mag* le 15 janvier 2018.

Il va de soi qu'au moment où ils se mettent en route pour Beaumont, les deux hommes ignorent absolument tout du dossier. Un Noir est mort dans une gendarmerie et cela leur suffit. Samir B. Elyes en est convaincu, il existe une « justice française raciste », qui délivre aux policiers des « permis de tuer », selon les termes qu'il emploiera le 20 mars 2021 à Paris lors de la Marche des solidarités. Youcef Brakni est sur la même ligne.

« La République française discrimine ses citoyens en fonction de leur couleur de peau, lancera-t-il le 5 janvier 2019, dans une allocution devant le Mouvement rural des jeunes chrétiens, à Amiens. En sortant ici, nous, on peut mourir, en tombant sur une brigade de gendarmerie ou de police. » Rien de très original. « On meurt parce qu'on est noir ou arabe » était déjà le slogan du Mouvement des travailleurs arabes, créé en 1972 par le mouvement maoïste Gauche prolétarienne.

Ni Youcef Brakni ni Samir B. Elyes ne sont des grands amateurs du terme « racisé », mais ils vont croiser à Beaumont, au moment des émeutes, d'autres militants dont c'est le concept fétiche. Il y a là en particulier Sihame Assbaghe, qui twitte « Black Lives Matter » dès le 20 juillet à propos d'Adama Traoré, sans grand succès. Le hashtag sera repris massivement seulement quatre ans plus tard, au moment de la mort de George Floyd. Ancienne porte-parole du comité Stop au contrôle au faciès, Sihame Assbaghe est une des organisatrices d'un camp d'été « décolonial non mixte racisé » à Reims, qui a défrayé la chronique en 2017 car il était fermé aux hommes et aux Blancs.

Assa Traoré l'a plusieurs fois raconté : ce sont ces militants chevronnés qui vont la guider et la prendre en main dès le début. Il semble qu'elle leur a été présentée par un collègue éducateur, qu'on retrouvera ensuite à ses côtés dans le comité, Almamy Mam Kanouté. D'origine malienne, comme elle, il a été assistant d'éducation puis éducateur de rue. Né en 1980, travaillant dans le 15e arrondissement de Paris mais vivant à Fresnes (Val-de-Marne), il s'est essayé à la politique lors des municipales de 2008. Sa liste « Fresnes à venir » a recueilli 11 % des voix, ce qui lui a permis de devenir conseiller municipal d'opposition. Il est par ailleurs militant de la Brigade antinégrophobie (BAN) et acteur dans *Les Misérables* de Ladj Ly, César du meilleur film 2020. Pour sa part, Assa Traoré ne semble pas avoir milité jusqu'au décès de son demi-frère. « Ils ont agi comme des guides et des filtres, a-t-elle raconté à *StreetPress* le 4 octobre 2018. Surtout Almamy. Nous ne connaissions personne et nous étions approchés par tellement de gens. Il a éloigné les mauvaises personnes. » Youcef Brakni, de son côté, a assuré la liaison avec la mouvance antifasciste et antiraciste, ainsi qu'avec les politiques. « Il gère les relations avec ce milieu, auquel j'ai du mal à faire confiance », précisait Assa dans le même entretien. Almamy Kanouté, lui, était « proche de rappeurs, de sportifs », qui vont soutenir le comité dans ses actions.

Des « invisibilisés » très médiatiques

Le noyau dur du comité Adama se constitue donc très rapidement, en laissant de côté les habitants des cités de Beaumont. La mère et les autres frères et sœurs d'Adama seront associés aux manifestations et marches organisées au fil des mois qui vont suivre, mais ils ne pilotent pas. Ce sont les militants qui suggèrent le nom de Yassine Bouzrou, pénaliste parisien, comme avocat idéal pour la cause. Sur leurs recommandations, Frédéric Zajac, avocat à Pontoise, est écarté au bout de quelques jours seulement.

Un autre avocat fait un passage éclair : Karim Achoui, fondateur d'une éphémère Ligue de défense judiciaire des musulmans, avocat condamné pour faux, radié du barreau de Paris en 2011. Le 22 juillet, il se glisse dans une marche blanche organisée à la mémoire d'Adama Traoré à Beaumont-sur-Oise et déclare sur les réseaux sociaux qu'il représente « la sœur d'Adama Traoré, Hawa, et sa mère ». Au moins sur ce point, les médias ne rentrent pas dans la combine. Karim Achoui disparaît très rapidement, tout comme Hawa Traoré, ce qui est plus surprenant. Assa s'impose immédiatement comme la figure dominante de la famille, la gardienne de la mémoire d'Adama Traoré, alors qu'elle était seulement sa demi-sœur. Hawa, pour sa part, était sa sœur jumelle, mais elle habite à Valence et elle est moins charismatique qu'Assa.

Au fil des mois, probablement sous l'influence de ses mentors, le discours d'Assa Traoré devient aussi plus militant. Dans un portrait que lui consacre *Libération* le

6 septembre 2016, elle « balaie l'idée de racisme anti-Noirs que certaines personnes ont pu évoquer. "C'est un autre combat. Peut-être y a-t-il un lien, je ne sais pas. Mais ce n'est pas ce que je défends. Moi, je veux juste la justice pour Adama." » Moins de deux ans plus tard, le 21 juillet 2018, elle déclare lors d'un meeting, citée par *Libération* : « Nous allons soulever toute la France, nous allons soulever tous les quartiers [...] et on va aller renverser ce système. »

L'évolution a été rapide. À l'automne 2016, Assa Traoré est une jeune femme de trente et un ans, mère de trois enfants, mariée à un chauffeur-livreur, travaillant comme éducatrice spécialisée à Sarcelles. La famille vit dans un immeuble récent, près du cimetière d'Ivry-sur-Seine, à quelques centaines de mètres de Paris. Elle n'est pas encore une célébrité, et le fait que *Libération* lui consacre malgré tout un long portrait n'est pas anodin. Un des mots-clés des militants du comité Adama est l'« invisibilisation » : les habitants des cités, Noirs et Arabes de banlieues, seraient escamotés, non reconnus, niés dans l'appareil d'État et dans les médias ; le fait d'être musulman serait une circonstance aggravante, sans plus[1].

---

1. Le comité Adama n'a jamais fait de prosélytisme. Selon les services de renseignement, des islamistes l'ont approché, mais rien ne permet de parler d'« entrisme ». La prudence est réciproque : aucun imam, aucune mosquée n'a jamais marqué sa solidarité avec Assa Traoré.

Youcef Brakni est particulièrement prolixe sur le thème de l'invisibilisation. Le paradoxe, bien entendu, est que lui ou d'autres en parlent dans des centaines d'articles, sans compter les colloques, les réunions publiques et les réseaux sociaux. Extrêmement active dans ce dernier registre, Sihame Assbaghe comptait 23 000 followers fin 2021 sur Instagram et 102 000 sur Twitter. Elle est un petit média à elle seule.

Par ailleurs, à l'exception de *Marianne* et de *L'Express*, tous les médias français classés à la gauche du *Figaro*, de *L'Obs* à *Révolution permanente* en passant par *Le Monde*, *Libération*, *Le Média*, *Bastamag*, *Reporterre*, *Clique* et *Mediapart*, lui ont accordé une oreille attentive et bienveillante. Loin d'invisibiliser le comité Adama, ils lui ont conféré, au contraire, une visibilité exceptionnelle dès le départ, et ils lui sont restés fidèles au fil des années. Le charisme d'Assa Traoré et le savoir-faire des militants du comité y sont sûrement pour quelque chose. Décédé à Nantes le 3 juillet 2018 dans le cadre d'une interpellation, dans des circonstances sans rapport avec celles d'Adama Traoré, par un policier aujourd'hui mis en examen, Aboubacar Fofana est tombé, lui, dans l'oubli médiatique.

Ancrage populaire introuvable

Ce soutien médiatique a été d'autant plus déterminant pour faire exister la cause que le comité Adama a très peu d'ancrage populaire. Youcef Brakni le déplorait dans un entretien au magazine en ligne *Ballast* le 22 mai 2018 : « On est venus pour soutenir les étudiants le jour de l'évacuation de Tolbiac ; on vient en renfort [...]. C'était bien, on était avec Assa, ça faisait joli, c'était romantique, elle était applaudie, on a eu des dons... » mais, hélas, « dès lors qu'il est question de se déplacer sur nos terrains de lutte – à Beaumont-sur-Oise ou ailleurs –, il n'y a plus personne ! [...] Quand on organise un événement en mémoire d'Adama à Beaumont, le 28 avril 2018, un après-midi avec de la boxe et des jeux pour les enfants [...], on ne voit presque personne ».

C'est une embarrassante vérité sur laquelle les militants du comité Vérité pour Adama préfèrent ne pas s'appesantir : très marquée à gauche, révolutionnaire assumée, théoricienne, souvent bavarde et en général diplômée du supérieur, leur mouvance manque cruellement d'ancrage en banlieue. Elle souffre un peu du même décalage que les maoïstes des années 1970, qui entendaient défendre les ouvriers de la régie Renault, mais qui parvenaient surtout à convaincre des étudiants, des intellectuels et des fonctionnaires.

Aujourd'hui, le comité Adama appartient à un courant politique dit « indigéniste et décolonial » qui est exactement dans la même situation. Les intitulés pleins de solennité qu'affectionnent ses militants cachent systématiquement une réalité décevante. Par exemple, le Front uni de l'immigration et des quartiers populaires (FUIQP), dont Samir B. Elyes est très proche, n'est pas du tout un mouvement de masse. Créé en 2011, il est animé pratiquement par un seul homme, le sociologue lillois Saïd Bouamama. Les rencontres nationales annuelles du FUIQP, en général à la Bourse du travail de Paris, réunissent quelques dizaines de militants, qui se connaissent tous et savent à l'avance ce que les autres vont dire. Dans un mouvement politique, il y a souvent une coupure entre la minorité agissante et la base sympathisante, politiquement moins aguerrie. Dans le cas de l'indigénisme-décolonialisme, néanmoins, c'est l'existence même de la base qui est sujette à caution.

Autre soutien du comité Adama, le Parti des indigènes de la République, qui existe depuis 2005, n'a jamais eu aucun élu. Les rares listes qui s'en disaient proches ont essuyé des revers humiliants aux municipales de 2014, même dans les communes *a priori* les mieux disposées : 4,67 % au premier tour à Bondy. Le PIR a ensuite renoncé à constituer des listes. Aux antipodes du mouvement américain pour les droits civiques des années 1950 et 1960, qui mobilisait des centaines de milliers de Noirs issus des classes populaires, la mouvance indigéniste et décoloniale semble formatée par de rares diplômés pour de rares diplômés.

Le cas de Révolution permanente est également très intéressant. Site d'information en ligne d'extrême gauche créé en 2015, devenu par la suite un courant politique, Révolution permanente n'a jamais ménagé ses efforts en faveur du comité Adama. Le 1er juillet 2021, il organisait sur les marches du palais de justice de Pontoise une émission de plus d'une heure, donnant longuement la parole à Assa Traoré, au moment où son frère Bagui comparaissait devant les assises du Val-d'Oise pour sa participation présumée aux nuits de violences ayant suivi la mort d'Adama. L'animateur de l'émission était Anasse Kazib, figure du mouvement des Gilets jaunes et intervenant dans l'émission « Les Grandes Gueules » de RMC de l'automne 2018 au printemps 2020. Militant SUD-Rail à la SNCF, Anasse Kazib a longtemps été proche du Nouveau Parti anticapitaliste (NPA). Il l'a quitté en juin 2021 en claquant la porte, se disant, dans une lettre ouverte, écœuré par un mouvement qui « regroupe bien plus d'enseignants et de cadres de la fonction publique que d'ouvriers et de personnes issues des quartiers populaires et de l'immigration ». Fidèle à une tradition constamment renouvelée de divisions internes, le NPA venait d'exclure de ses rangs les sympathisants du courant Révolution permanente, qui ont alors pris leur autonomie. Le paradoxe est que le nouveau parti semble souffrir exactement du même manque de représentativité « populaire » que le NPA en général. Parmi les trente premiers signataires de la lettre ouverte publiée par Anasse Kazib à la suite de la scission, on recensait cinq enseignants, trois étudiants, huit membres de professions intellectuelles (avocat, journaliste, éditeur, etc.) et sept fonctionnaires ou salariés protégés (RATP et SNCF), dont Anasse Kazib lui-même, soit vingt-quatre « privilégiés » sur trente personnes, au minimum. Fin 2021, Anasse Kazib tentait de réunir les cinq cents signatures nécessaires pour valider sa candidature à la présidentielle, sans garantie de succès. Parce qu'il serait invisibilisé ? Peu crédible : grâce à sa gouaille et à son sens de la formule, le cheminot est souvent invité dans les médias, y compris dans des émissions très populaires comme « Touche pas à mon poste ! », animée par Cyril Hanouna, le 22 octobre 2021. La réalité est plutôt qu'il n'a aucune audience. Les instituts de sondage ne testent même pas sa candidature, pour cause de déficit de notoriété chez les électeurs. Ses thèses sur la discrimination institutionnelle et le racisme d'État ne séduisent pas.

Entre racisme d'État et sécurité de l'emploi

Anasse Kazib, du reste, les incarne assez mal, dans la mesure où il travaille pour une entreprise nationale française, qui lui accorde toute la latitude nécessaire pour lancer des discours incendiaires sur le racisme structurel français. Ce serait anecdotique si le constat n'était pas valable pour l'immense majorité des soutiens du comité Vérité pour Adama, voire pour le courant décolonial et anticapitaliste dans son ensemble : ses animateurs vivent d'argent public.

Les fers de lance de la mouvance qui dénonce le racisme des institutions, à une écrasante majorité, travaillent pour ces mêmes institutions. Assa Traoré était employée par un organisme de travail social parapublic œuvrant pour des collectivités. Almamy Kanouté est dans la même situation. Youcef Brakni est enseignant. Sa compagne Fatima Ouassak, fondatrice de l'association Front des mères, en lutte contre la discrimination à l'école, fait des missions comme contractuelle pour la Commission nationale du débat public. Geoffroy de Lagasnerie, qui a cosigné *Le Combat Adama avec Assa Traoré* [1], est professeur à l'École nationale supé-

1. Geoffroy de Lagasnerie, Assa Traoré, *Le Combat Adama*, Stock, 2019.

rieure d'arts de Paris-Cergy, ce qui ne l'empêche pas de dénoncer inlassablement le racisme des institutions et d'appeler au coup d'État, par la violence s'il le faut[1]. Saïd Bouamama, aujourd'hui en retraite, était auparavant l'un des principaux animateurs de l'association Intervention formation action recherche (Ifar), un organisme situé dans la métropole lilloise, spécialisé dans la formation professionnelle des travailleurs sociaux. Il a par ailleurs bénéficié en 2016 du soutien financier du conseil régional du Nord-Pas-de-Calais, dans le cadre d'un programme intitulé « Chercheurs citoyens », pour des travaux sur les mines et l'immigration. Égérie du Parti des indigènes de la République, Houria Bouteldja est en couverture d'un livre paru en 2010, *Nique la France. Devoir d'insolence*, signé par Saïd Bouamama[2]. Le livre doit sa notoriété au doigt d'honneur qu'elle fait en couverture, ainsi qu'aux paroles de la chanson *Nique la France*, dont le CD était distribué avec l'ouvrage : « Nique la France ; nazillons ; bidochons décomplexés ; gros beaufs qui ont la haine de l'étranger ; Ton pays est puant, raciste et assassin ; petit donneur de l'çons, petit Gaulois de souche, arrête ton arrogance, arrête d'ouvrir ta bouche ; et c'que je pense, de leur identité nationale,

1. Voir l'intermède « Cette sortie d'Assa Traoré que beaucoup de médias préfèrent passer sous silence » p. 167.
2. Saïd Bouamama, *Nique la France. Devoir d'insolence*, Zone d'expression populaire, 2010.

de leur Marianne, de leur drapeau et de leur hymne à deux balles, j'vais pas te faire un dessin, ça risque d'être indécent. » Par ailleurs, Houria Bouteldja est employée à l'Institut du monde arabe, établissement public présidé par l'ancien ministre de la Culture Jack Lang…

Il ne fait aucun doute que le racisme existe en France, mais il est tout aussi évident que ceux qui le généralisent à l'ensemble des Français blancs ne sont pas les premiers à en souffrir, loin de là. Et c'est particulièrement flagrant au sein du comité Adama et de ses partisans. Ils ont bénéficié d'une exposition médiatique et de soutiens publics difficilement compatibles avec la discrimination institutionnelle qu'ils prétendent dénoncer. En 2017, un concert de rap au bénéfice du comité Adama a eu lieu à la Cigale. Un des invités était Médine Zaouiche, auteur du titre *Don't Laik* en 2015 : « Crucifions les laïcards comme à Golgotha, si j'applique la charia, les voleurs pourront plus faire de main courante. Ils n'ont ni Dieu ni maître à part maître Kanter, je scie l'arbre de leur laïcité avant qu'on le mette en terre ; Marianne est une femen tatouée “Fuck God” sur les mamelles », etc. Une autre des chansons de Médine, *17 octobre,* figure dans un manuel scolaire d'histoire Nathan pour classe de terminale, comme document à étudier pour comprendre la répression sanglante d'une manifestation d'Algériens à Paris en 1961. Le révolté est une sommité. Il a longtemps enregistré dans des studios mis à disposition de son label, Din Record, par la mairie de Gonfreville-l'Orcher, près du Havre. Il bénéficie du soutien indéfectible de Pascal Boniface, fondateur et directeur de l'Institut de relations internationales et stratégiques, qui a cosigné un livre avec lui en 2012, *Don't Panik*[1].

La situation de Taha Bouhafs est comparable à celle de Médine. L'influenceur et journaliste de la web-TV Le Média est à la fois un soutien indéfectible d'Assa Traoré (ils sont partis en vacances ensemble l'été 2021) et un virulent contempteur de la France raciste et antimusulmane. Il faisait partie des organisateurs de la grande Marche contre l'islamophobie du 10 novembre 2019 à Paris. Taha Bouhafs n'en fait pas mystère, il déteste la police et pense qu'elle est raciste. À ses yeux, par exemple, Linda Kebbab, française d'origine algérienne, comme lui, ne devrait pas être policière. Il l'a fait savoir énergiquement en traitant la porte-parole du syndicat Unité SGP Police-Force ouvrière d'« Arabe de service », ce qui lui a valu d'être condamné à 1 500 euros d'amende et 2 000 euros de dommages et intérêts par le tribunal correctionnel de Paris en septembre 2021. L'intéressé, contacté à plusieurs reprises au premier trimestre 2022, n'a pas souhaité s'exprimer pour ce livre. Il a fait appel de sa condamnation. Examiné de près, pourtant, le

1. Pascal Boniface, Médine, *Don't Panik*, Desclée de Brouwer, 2012.

parcours de Taha Bouhafs laisse penser qu'être issu de l'immigration n'est pas toujours un handicap. En 2017, à vingt ans à peine, le jeune Taha a été investi aux législatives par les Insoumis, dans la deuxième circonscription de l'Isère. Il vivait encore chez ses parents à Échirolles, dont son père est devenu maire adjoint en 2020. Selon un témoin qui le fréquentait à l'époque, Taha Bouhafs s'est engagé en politique en participant aux mouvements de contestation de la loi Travail du printemps 2016. Lors des manifestations à Grenoble, il a rencontré des jeunes socialistes. Ces derniers ont été ravis de lui donner ses bases politiques et de l'accompagner durant sa première campagne (où il a fait figure honorable, recueillant 12 % des suffrages exprimés sur fond de vague LREM). Quiconque a fréquenté les partis politiques à l'échelon local pourra le confirmer : attirer des jeunes est un défi et attirer des jeunes des quartiers est la quête du Graal. Loin de mépriser et d'« invisibiliser » les postulants issus de l'immigration, les partis leur ouvrent les bras et les poussent sur la scène, toutes tendances politiques confondues. Taha Bouhafs le sait, comme ses amis Youcef Brakni et Anasse Kazib. C'est une ouverture non dénuée d'arrière-pensées électorales. Traditionnellement, les cités sont abstentionnistes. Tous les profils susceptibles de faire voter les quartiers sont donc recherchés.

Assa Traoré fait-elle partie de ces profils ? Si on pense à une légitimité construite sur un lent travail de terrain à la maille la plus fine, fait de réunions de quartier et de porte-à-porte militant, la réponse est clairement non. Comme expliqué plus haut, l'ancrage du comité Adama dans les quartiers est inexistant. Ses manifestations contre les violences policières attirent un public qui se réduit lorsque le comité s'éloigne du cœur de Paris ! Assa Traoré peut compter sur cinq cents sympathisants place de la République et cinquante à Beaumont-sur-Oise, schématiquement. À l'époque des réseaux sociaux et des campagnes-événements par médias interposés, néanmoins, elle peut faire illusion. Le compte Twitter « La Vérité pour Adama » fédère 55 000 abonnés ; Sihame Assbaghe en a 100 000 ; Taha Bouhafs 120 000… Même en tenant compte des doubles et triples abonnés, c'est considérable, sachant que Jean-Luc Mélenchon a raté le second tour de la présidentielle en 2017 pour 600 000 voix seulement (et 400 000 en 2022 !). C'est peut-être la raison pour laquelle Danièle Obono, député LFI, se disait « ouverte » à ce qu'Assa Traoré rejoigne la liste du parti pour les européennes de 2019. Cela ne s'est pas fait et Assa Traoré, de son côté, n'a jamais manifesté publiquement une quelconque intention de s'engager. Le fait que l'on pense à elle n'en est que plus significatif. Cela marque une réelle victoire du comité Vérité pour Adama : fédérant sur un simple nom des militants n'ayant jamais connu celui qui le portait, privé de relais dans la population qu'il prétend représenter, il s'est néanmoins imposé comme un lobby avec lequel il faut compter, jusqu'à l'Assemblée nationale.

Intermède

Assa Traoré, éphémère intervenante dans l'Éducation nationale

En mai 2019, Virginie découvre avec stupeur qu'Assa Traoré intervient parfois dans des collèges et des lycées, afin de parler aux élèves de son combat. L'information n'est pas secrète. Virginie l'a trouvée sur la page Facebook « Vérité pour Adama », tout simplement. La militante y raconte ses visites aux lycées Alfred-Nobel de Clichy-sous-Bois, Jean-Moulin de Rosny-sous-Bois et Voillaume d'Aulnay-sous-Bois, tous situés en Seine-Saint-Denis. Accompagnée parfois d'Almamy Kanouté, pilier du comité Vérité pour Adama, elle parle aux jeunes de son thème préféré, les violences des forces de l'ordre, en leur présentant au passage les livres qu'elle a cosignés avec Elsa Vigoureux, *Lettre à Adama*[1], ou avec Geoffroy de Lagasnerie, *Le Combat Adama*. Le tout se fait avec l'accord des enseignants et des chefs

1. Assa Traoré, Elsa Vigoureux, *Lettre à Adama*, Seuil, 2017.

d'établissement, bien entendu – on n'entre pas dans un lycée comme dans un moulin. Sur Facebook, Assa Traoré remercie d'ailleurs les professeurs, le conseiller principal d'éducation et le proviseur qui ont permis son intervention à Clichy-sous-Bois, sans oublier la « jeunesse si réceptive », pour ne pas dire influençable, à laquelle elle a diffusé son message. Le texte est illustré par une photo d'Assa Traoré posant avec des adolescents poings levés, arborant le T-shirt « Justice pour Adama », en compagnie d'Almamy Kanouté, ainsi que du frère de Bouna Traoré. Sans lien de famille avec Assa (Traoré est un nom malien très répandu), Bouna était un des deux jeunes dont la mort accidentelle en 2005, précisément à Clichy-sous-Bois, a provoqué les pires émeutes que la France ait connues depuis la Seconde Guerre mondiale.

Choqués et en colère, Virginie et son mari décident d'alerter le ministre de l'Éducation nationale Jean-Michel Blanquer. La lettre part le 5 juin 2019. Elle est intitulée sobrement : « Principe de neutralité dans l'enseignement public ». Ils y rappellent dans quelles conditions des particuliers, associatifs, chefs d'entreprise, etc. peuvent intervenir en milieu scolaire, à la demande des équipes pédagogiques et éducatives. Le Code de l'Éducation pose une règle simple : l'intervenant s'abstient « de toute forme de prosélytisme idéologique et religieux et de toute attitude moralisatrice ou culpabilisante ». Virginie n'a pas entendu ce qui a été dit aux jeunes du lycée

Alfred-Nobel. Néanmoins, il y a une très forte présomption de prosélytisme politique, dans la mesure où Assa Traoré revendique inlassablement la charge idéologique de son discours. Elle ne parle jamais des violences policières de manière factuelle, comme ont pu le faire les rapports parlementaires qui ont tenté de comprendre le phénomène. Elle les interprète et les contextualise, pour lancer des appels à la révolution. « Comment une femme qui prône le soulèvement des banlieues en prenant les armes pour renverser le gouvernement en place peut-elle faire des interventions dans des lycées sans aller contre les principes démocratiques ? » s'interroge Virginie, sans trop d'illusion – ce genre de courrier à un ministre s'apparente à une bouteille à la mer.

Contre toute attente, néanmoins, le ministère agit et les interventions d'Assa Traoré dans les établissements scolaires s'arrêtent. Le cabinet de Jean-Michel Blanquer n'était pas au courant. Il a pris l'avertissement au sérieux, car il surveille de près l'emprise croissante des théories racialistes, post-coloniales et communautaristes chez les enseignants, en particulier en Seine-Saint-Denis. En novembre 2017, Jean-Michel Blanquer avait dénoncé comme « contraire à la République, à l'Éducation nationale et à ceux qui la servent » un stage organisé par le syndicat SUD93. Comprenant des ateliers « en non-mixité raciale », fermés aux hommes et/ou aux Blancs, le stage visait en particulier à dénoncer les « programmes d'histoire servant le roman national », la « surorientation dans les filières professionnelles des élèves descendant·e·s des immigrations, en particulier post-coloniales » ainsi que la prétendue islamophobie de l'Éducation nationale. Le tout était agréé comme une formation syndicale, ce qui permettait aux enseignantes syndiquées d'y assister sur leur temps de travail. La direction départementale des services de l'Éducation de Seine-Saint-Denis (Dasen) avait interdit aux enseignantes d'assister aux stages. L'institution a perdu en justice sur toute la ligne : en juillet 2020, le tribunal administratif de Montreuil a cassé la décision de la Dasen. Il semble néanmoins que le message est passé. Depuis lors, SUD93 n'a pas réédité ses stages en non-mixité. Quant au comité Vérité pour Adama, il reste depuis la rentrée 2020 à la porte des établissements scolaires. Enfin presque. Le 21 janvier 2020, un autre de ses piliers, Almany Kanouté, parlait encore des violences policières à des lycéens d'Armentières…

5

Beaumont-sur-Oise

Il y a une victime oubliée dans l'affaire Adama Traoré, c'est la commune de Beaumont-sur-Oise. Dans les jours qui ont suivi le fait divers, elle a subi plusieurs nuits de violences extrêmes, commises par des habitants des cités persuadés qu'ils avaient quelque chose à venger. Cinq d'entre eux ont été jugés par les assises du Val-d'Oise en juillet 2021, dont Bagui Traoré, demi-frère d'Adama. La sévérité des peines prononcées reflète la gravité des faits : deux des accusés ont été condamnés à douze ans de réclusion pour avoir tiré sur les gendarmes, dans l'intention probable de tuer. Bagui Traoré a été acquitté. Les dizaines d'émeutiers anonymes qui ont « seulement » brûlé des voitures, caillassé les forces de l'ordre ou détruit du mobilier urbain n'étaient pas sur le banc des accusés. Sans parler des tireurs qui n'ont jamais été retrouvés. Selon les estimations des enquêteurs, plusieurs dizaines de coups de feu, provenant de fusils de chasse de calibre 12 mais aussi de calibres 7.65 ou 22 long rifle, ont été tirés durant les émeutes[1]. Pendant quatre nuits, un hélicoptère a survolé le secteur des villes sœurs (Persan, Beaumont, Chambly, voire une partie de L'Isle-Adam), où près de deux cents gendarmes tentaient de contenir les violences. Au petit matin, les habitants qui avaient réussi à dormir retrouvaient leurs rues encore fumantes des brasiers allumés la veille par des incendiaires dont le discernement n'était pas la première qualité. La deuxième nuit, à Champagne-sur-Seine (où vivait la mère d'Adama Traoré), quelqu'un mit le feu au camion municipal servant à livrer les repas aux personnes âgées isolées ainsi qu'aux enfants du centre de loisirs. Dans son autobiographie[2], le journaliste Taha Bouhafs, soutien indéfectible du comité Adama, avance que les émeutiers qui se livrent à ce genre de geste ont « malheureusement raison », car c'est pour eux le seul moyen de faire entendre leur voix. Pour dire quoi exactement, il ne le précise pas.

Par contraste, il faut souligner la maîtrise de ces gendarmes que le comité Adama décrit comme si violents : à aucun moment, même quand ils étaient pris pour

1. Le calibre 12 est une munition de chasse courante, en petit plomb ou en balle pour le gros gibier. Le 7.65 est un calibre d'arme de poing. Le 22 long rifle est un petit calibre de carabine, fréquent en tir sportif mais potentiellement mortel, surtout à courte distance.

2. Taha Bouhafs, *Ceux qui ne sont rien*, La Découverte, 2022.

cibles, ils n'ont utilisé leurs armes à feu. Le commandant du groupement de gendarmerie du Val-d'Oise qui commandait les opérations, Charles-Antoine Thomas, a été décoré en 2016 de la médaille d'argent pour « acte de courage et de dévouement » lors de ces nuits difficiles, mais dans une grande discrétion, et avec plus d'un an de délai, afin de ne pas souffler sur les braises. Cinq de ses hommes ont également été décorés. Le colonel Thomas a d'ailleurs été invité plusieurs fois à exposer à des professionnels du maintien de l'ordre, y compris à l'étranger, les moyens mis en œuvre pour contenir les violences à Beaumont et alentour pendant ces émeutes. Cette reconnaissance par ses pairs est sans doute aussi significative qu'une médaille.

Après les émeutes, qui se sont étalées sur cinq nuits, le calme n'est pas revenu à Beaumont-sur-Oise. La tension est restée très vive jusqu'au 27 juillet, et il y a encore eu des explosions de violence sporadiques dans les mois qui ont suivi.

La famille Traoré a par ailleurs tenté d'ethniciser le combat, en jouant la carte malienne, nation bien représentée dans le secteur, en particulier dans le quartier de l'Abbé-Breuil de L'Isle-Adam, non loin de Beaumont. « Il s'agit d'un Malien », déclarait le 10 août Assa Traoré en parlant de son frère. Elle appelait le président Ibrahim Boubacar Keïta à la soutenir. Sans succès, le gouvernement malien n'ayant aucune raison de s'immiscer dans une affaire intérieure française. Il fit savoir, *via* un communiqué, qu'« aucun document officiel » n'indiquait qu'Adama Traoré était de nationalité malienne : « Tous les documents de feu Adama Traoré prouvent qu'il est français, même si sa mère est détentrice d'un passeport malien périmé » ; il n'existait donc « aucune base juridique donnant la nationalité malienne au défunt », même s'il a trouvé là-bas sa dernière demeure. Inutile de préciser que c'est l'État français qui a payé le rapatriement du corps et les billets des proches qui souhaitaient assister aux funérailles. La maire (UDI) de Beaumont-sur-Oise, Nathalie Groux, a reçu certains d'entre eux le 20 et le 21 juillet. Elle leur a proposé son appui afin d'accélérer la procédure de délivrance des passeports auprès de la préfecture pour permettre à la famille de se rendre au Mali.

Assa Traoré ne faisait pas partie des personnes reçues ces jours-là à la mairie. Pour des raisons assez obscures, elle a décidé ensuite de faire de Nathalie Groux une ennemie. Retirée de la vie politique, vivant désormais loin du Val-d'Oise, cette dernière ne souhaite plus s'exprimer sur ce sujet, mais ce qu'en raconte une source à la mairie permet de dire qu'elle a vécu à l'époque un véritable enfer, alors qu'elle n'était pour rien dans cette affaire. Pendant l'été et l'automne 2016, l'élue a en effet été confrontée régulièrement à des injures et à des menaces de mort, par tags, appels anonymes, sur les réseaux sociaux ou de vive voix, lorsqu'elle circulait dans sa commune. Selon nos informations, elle a reçu un soutien discret mais ferme du préfet alors en place. Le ministre de l'Intérieur Bernard Cazeneuve, en revanche, ne lui a même pas adressé un mot de soutien. Il a mis des mois à la recevoir.

Le 28 septembre 2016, Assa Traoré était invitée dans une émission de Canal+, « Le Gros Journal » de Mouloud Achour. Animateur talentueux, absolument pas formé à l'investigation, celui-ci a déroulé le tapis rouge compassionnel à Assa Traoré, prenant pour argent comptant ses déclarations, jusqu'aux plus excessives. « La maire de Beaumont-sur-Oise a choisi son camp, elle se met du côté des gendarmes, c'est-à-dire du côté des violences policières », a ainsi lancé l'invitée. Ulcérée, Nathalie Groux a décidé de porter plainte en diffamation, en demandant à bénéficier de la protection fonctionnelle qui permet à la commune de prendre en charge les frais de justice, ce qu'elle a finalement renoncé à faire. En rétorsion, le conseil municipal qui devait examiner la demande de Nathalie Groux, le 17 novembre 2016, a été perturbé.

Quelques jours plus tôt, l'élue avait relayé sur son compte Facebook personnel un message appelant les « citoyens de souche » à s'armer pour venir en aide à la police, à la suite d'un énième rodéo ayant mal tourné, à Tours, avec des blessés à la clé[1]. Dans ce contexte, une bagarre généralisée s'est produite devant la mairie de Beaumont le 17 novembre 2016 au soir, empêchant la tenue du conseil municipal. Des sièges avaient été prévus dans le public pour les soutiens d'Assa Traoré, mais pas assez à leur goût. Eux entendaient assister en masse aux délibérations, ce que les élus ont refusé. La salle a été évacuée. À l'extérieur, la situation s'est envenimée. Six policiers municipaux et deux gendarmes ont été blessés, insultés et menacés de mort. C'est seulement le 25 novembre que Bernard Cazeneuve a reçu Nathalie Groux au ministère de l'Intérieur, avec Arnaud Bazin (LR), le président du conseil départemental du Val-d'Oise. Le ministre a annoncé par la même occasion l'envoi de renforts de sécurité dans le Val-d'Oise. Le même jour, Nathalie Groux publiait une longue lettre ouverte aux habitants, déplorant « des débordements, des violences, des dégradations, des incendies » répétés depuis des mois. Elle rappelait que dès l'après-midi du 20 juillet, « en compagnie de M. le maire de Persan et de M. le directeur de cabinet de la préfecture », elle avait reçu « Awa, sœur jumelle d'Adama, accompagnée d'une

1. Nathalie Groux a expliqué par la suite, dans *Le Parisien* du 8 décembre 2016, qu'elle avait « manqué de vigilance » en relayant un article de presse sans faire attention au commentaire qui l'accompagnait. « Je passe mon temps depuis cet été à tenter de ramener le calme sur ma commune, je ne vais certainement pas appeler à prendre les armes ! »

de ses cousines et d'une amie », pour leur présenter ses condoléances. Elle dénonçait des violences traumatisantes pour le personnel, sans parler du coût des réparations pour la commune, qui se chiffraient en centaines de milliers d'euros. « Les bâtiments municipaux ont été dégradés voire incendiés, de nombreux agents de notre police municipale ont été l'objet d'attaques, d'injures, de coups, des agents municipaux qui œuvraient au nettoyage et à l'entretien de votre environnement ont été victimes d'agressions physiques, l'école de la Fontaine bleue a fait l'objet de six départs d'incendie. » La maire se défendait d'être raciste, parlant de ses enfants métis. Cela revenait à essentialiser le débat, ce qui est sans doute un des objectifs du comité Adama, mais comment en sortir ?

« Assa Traoré a raconté qu'elle en voulait à Nathalie Groux parce que cette dernière avait refusé une marche blanche à la mémoire d'Adama, explique notre source à la mairie. Foutaises. La réalité, c'est que certains membres de la famille étaient engagés dans un rapport de force pour savoir qui allait faire la loi sur le territoire. Plusieurs frères Traoré étaient des caïds. Ils n'aimaient pas qu'on leur tienne tête, qu'on soit élu ou pas. Ils fonctionnaient en permanence à l'intimidation. À Beaumont, les gens avaient peur d'eux, à juste titre. On ne mesure pas le courage qu'il a fallu à certains pour témoigner dans l'affaire Adama. En février 2017, un des membres de la fratrie ainsi qu'un ami ont enlevé un homme en pleine rue. Ils l'ont ramené au quartier de Boyenval et ils l'ont tabassé. C'était un ancien codétenu d'Adama et ils lui reprochaient d'avoir "balancé" sur lui. Il s'agissait de le faire taire. Enfin, de "défendre l'honneur d'Adama", selon le jargon d'Assa Traoré… » Fin novembre 2016, celle-ci déclarait : « Nous ne sommes pas en guerre et nous ne comprenons pas l'intérêt de rajouter tous les jours un peu plus d'huile sur le feu », comme si la mairie de Beaumont avait été responsable des tags, des émeutes et des incendies de bâtiments publics. À la même époque, un badge « Nathalie Groux démission » était mis en vente pour 1,80 euro par la Boutique militante, et une pétition lancée afin que l'élue se retire. « Et comme si cela ne suffisait pas, ajoute notre source, on a fini par savoir que d'autres mairies, que je ne citerai pas par courtoisie républicaine, prêtaient du matériel au comité Adama pour organiser les manifestations où nous nous faisions insulter. Merci, les collègues. »

Aux municipales de 2020, Nathalie Groux a perdu face à un candidat divers gauche, Jean-Michel Aparicio, syndicaliste policier de son état. Un an plus tard, elle annonçait son départ de Beaumont et du conseil. Sa lettre d'adieu montre à quel point elle a été marquée par l'affaire : « Au cours du mandat passé, avec et grâce à mon équipe, j'ai surmonté toutes les difficultés, toutes les épreuves rencontrées, fait face aux menaces de mort de certains agités, au dénigrement constant et aux mensonges. »

Au-delà de son cas personnel, au-delà même des écoles incendiées et des abribus cassés, les émeutes et les violences répétées ont peut-être affecté la commune d'une manière plus profonde. Depuis les années 1990, à l'image du Val-d'Oise dans son ensemble, Beaumont-sur-Oise grandissait en population, à un rythme annuel compris entre 1 % et 2 %. Or, en quatre ans, la mécanique s'est enrayée : Beaumont est passée de 9 388 habitants en 2014 à 9 830 en 2018 ; en 2020, elle est descendue à 9 669[1]. Impossible d'en conclure que l'impact de l'affaire Traoré en est responsable, mais l'hypothèse ne serait pas farfelue, selon certains. De fait, les communes situées autour de Beaumont (Persan, Champagne, etc.) continuent, elles, leur croissance. Si aucun habitant sérieusement lancé dans un projet de construction local ne va y renoncer au nom de ce qui reste un simple fait divers, du côté des promoteurs qui lancent des programmes, et qui sont soucieux de les vendre vite et cher, c'est en revanche un peu différent. La réputation de la commune a été ternie, son attractivité a souffert. Et comme Beaumont se trouve à l'extrême lisière de la grande agglomération parisienne, dans une

1. Selon les chiffres de la Direction générale des collectivités territoriales, légèrement différents de ceux de l'Insee, mais actualisés chaque année.

zone où le foncier n'est pas encore introuvable, il n'est pas impossible que certains s'en détournent. À l'image d'ailleurs d'Assa Traoré elle-même. N'a-t-elle pas quitté la ville il y a plus de quinze ans déjà ?

Intermède

Adama, une marque déposée

Le comité Vérité pour Adama fait tout pour que la mort du jeune homme s'impose comme *le* symbole des violences policières, nom devenu la bannière des cités en lutte contre le racisme d'État. Cette démarche le conduit à jouer un jeu délicat : celui d'y adjoindre et de fédérer d'autres luttes, sans se laisser voler la vedette. Ainsi, ces dernières années, les représentants du comité ont investi différents terrains de lutte. Partout où une bavure présumée mettait le feu aux cités, ils étaient susceptibles de se rendre.

Avec un succès parfois mitigé. En juillet 2018, Youcef Brakni et Taha Bouhafs, tous les deux militants actifs du comité, sont allés à Nantes juste après la mort d'Aboubacar Fofana. Recherché par la police, le jeune homme avait été tué par balles par un CRS en tentant de forcer un barrage dans le quartier du Breil. Plusieurs cités nantaises ont alors connu des émeutes impressionnantes, émaillées d'incendies de bibliothèque et d'école (sans oublier la voiture personnelle de la maire Johanna Rolland). Venu sur place dans le but de « politiser » la lutte, le tandem Brakni-Bouhafs s'est heurté à des réticences manifestes. Youcef Brakni s'en désolait d'ailleurs à l'époque auprès d'un petit média en ligne : « Ils en viennent à se dire que si on politise trop, ça va poser des problèmes. Notre travail, c'est de les convaincre. » Les convaincre de quoi, il ne le précisait pas.

Dans d'autres cas, le comité Adama a reçu un accueil chaleureux, et presque un peu trop. Certains proches de victimes ne savaient pas, en effet, rester à la place qui leur avait été assignée, un rang ou deux derrière Assa Traoré. Selon nos informations, c'est pour ce genre de raison que le torchon a fini par brûler entre le comité Vérité pour Adama et le collectif Urgence notre police assassine. La créatrice de cette association est une jeune femme nommée Amal Bentounsi, dont le frère, Amine, avait été tué le 21 avril 2012 par un policier, lors d'une course-poursuite, d'une balle dans le dos. Contrairement à Assa Traoré, Amal Bentounsi n'a jamais cherché à faire passer son frère pour un saint, elle a toujours admis qu'il était un délinquant. Il n'empêche qu'il avait été abattu sans aucune raison valable. Le policier responsable a été condamné à cinq ans de prison avec sursis par les assises de Paris en mars 2017 pour violences volontaires ayant entraîné la mort sans intention de la donner.

La faute pénale était indéniable, sans même parler de la faute professionnelle. Contrairement à Assa Traoré, Amal Bentounsi (qui n'a pas souhaité s'exprimer) n'a jamais tenté non plus de personnaliser à outrance son combat. La page Facebook du comité Urgence notre police assassine s'ouvre sur une galerie de portraits, où l'on chercherait en vain celui d'Adama Traoré. Les deux égéries se seraient brouillées, entre autres, à cause de la conception d'un visuel pour banderole ou T-shirt : Amal Bentounsi penchait pour un nuage de noms, Assa Traoré n'en voulait qu'un, Adama, marque déposée à l'Institut national de la propriété industrielle (Inpi) le 30 septembre 2016, propriété collective de dix membres de la famille Traoré, déclinable en photographies, cartes, objets d'art, serviettes de toilette en papier, etc., le nom du jeune homme étant devenu ce qu'on appelle en jargon d'entreprise un « actif immatériel », à protéger en tant que tel. Dans son registre communautariste, Assa Traoré serait-elle devenue une entrepreneure avisée, à la conquête de parts de marché médiatique ?

6

Neutralité interdite : les médias dans le dossier Traoré

Plus de six cents articles au cours des six premiers mois dans la presse française, plusieurs dizaines de papiers dans la presse internationale : pour un fait divers, voilà beaucoup. En apparence, la couverture médiatique de l'affaire Adama Traoré a été disproportionnée. À cela plusieurs raisons.

Il faut se souvenir qu'une large partie de l'opinion était très mobilisée sur la question des violences policières juste avant la mort du jeune homme. Le printemps 2016 avait été marqué par des manifestations contre la loi Travail (dite El-Khomri, du nom de la ministre du Travail qui portait le texte) qui ont souvent dégénéré en affrontements avec les forces de l'ordre. Le 14 juin, lors de la neuvième journée de protestation, les heurts à Paris avaient commencé dès que le cortège s'était mis en mouvement, depuis la place d'Italie. À la fin de la journée, on comptait quarante blessés, dont une trentaine parmi les forces de l'ordre, et près de soixante interpellations. Des activistes dits « black blocks » avaient été à l'œuvre. Les dégâts étaient importants. Le mobilier urbain avait été saccagé. Plus inhabituel, des groupes de casseurs s'en étaient pris à l'hôpital pour enfants malades Necker, dans le 7e arrondissement, défonçant des portes vitrées à coups de masse. Le 18 mai, déjà, un grave incident était survenu quai de Valmy, dans le 10e arrondissement. Des manifestants avaient attaqué une voiture de police, cassant les vitres, frappant les occupants et jetant un fumigène dans l'habitacle tout en les empêchant de sortir. Le véhicule s'était embrasé, sans faire de victimes.

Cette dernière action, qui avait choqué l'opinion, allait être en lien étroit avec l'affaire Adama, à travers la personnalité d'un des auteurs de l'attaque. Sept personnes ont été jugées pour celle-ci par le tribunal correctionnel de Paris en octobre 2017. Les audiences ont montré qu'il ne s'agissait pas de marginaux. Ainsi, le plus lourdement condamné, Joachim Landwehr, trente-cinq ans à l'époque, est un ressortissant suisse, diplômé, militant antifa d'extrême gauche. Absent à l'audience, il a écopé de sept ans de prison. Il y avait également parmi les assaillants l'arrière-petit-fils de l'écrivain catholique Georges Bernanos. Antonin Bernanos, vingt-cinq ans en 2016, fils de famille aisée, étudiant en sociologie, membre du groupe Antifasciste-Paris-Banlieue (AFA), s'est vu condamné à cinq ans de prison, dont deux avec sursis. Dans l'optique du groupuscule AFA, les forces de police sont l'incarnation d'un outil répressif au service d'un ordre fasciste. Voici ce qu'on peut lire sur leur page Facebook : « En ce 13 décembre [2021], comme tous les autres jours de l'année, tout le monde déteste la police. En tout cas tous ceux et celles qui ont affaire à elle. Des petites vexations quotidiennes jusqu'aux drames humains, la police humilie, blesse, mutile, viole, tue. Couverts par la hiérarchie et par l'IGPN, acquittés par la justice, les meurtres commis par la police ne sont pas des "bavures" mais bien la manifestation la plus violente de ce pourquoi la police existe : protéger et perpétuer un ordre raciste et sécuritaire. »

Dans la perspective d'Antonin Bernanos, attaquer une voiture de police n'est pas un crime, mais un acte de résistance. Quoi que l'on pense de sa perception des choses, elle doit être prise en compte pour comprendre l'affaire Adama, car cette vision a été partagée, ou au minimum considérée avec empathie, par nombre des médias qui ont prêté une oreille attentive à Assa Traoré : *Mediapart*, *Reporterre*, *Politis*, le Bondy Blog, *BastaMag*, *StreetPress*, *L'Obs*, et avec un peu plus de recul *Libération* et *Le Monde*. Ces médias, et ceux qui les lisent, ont joué le premier rôle dans l'affaire Adama, bien plus que les banlieues. Les quartiers populaires de Beaumont-sur-Oise et Persan se sont embrasés quelques jours à l'annonce de la mort d'Adama, mais sur la durée, les soutiens du comité sont surtout venus de milieux de gauche cultivés, investis dans la lutte contre la répression et les violences policières, même s'ils n'en souffrent pas directement. La famille Bernanos en est l'illustration. La mère d'Antonin, Geneviève Bernanos, fonctionnaire catégorie A de collectivité territoriale en Île-de-France, a soutenu Assa Traoré dès juillet 2016. Antonin lui-même connaissait Samir B. Elyes de longue date. Ses proches ont noué des liens avec le comité sans rien connaître à l'affaire, partant du principe qu'ils étaient les uns et les autres victimes des débordements de violence de la police. « L'AFA et ma famille ont pris contact avec Samir du MIB [Mouvement de l'immigration et des banlieues], Almamy [Kanouté], des anciens des luttes de quartiers populaires qui avaient contribué à notre formation politique, expliquait Antonin Bernanos à *Mediapart* en juillet 2020. Ils sont allés très tôt à Beaumont-sur-Oise et ont organisé des actions communes. [...] Il était assez naturel qu'on se rencontre sur ce point précis, vu la centralité de la question policière ces dernières années. »

Dès le 20 juillet, au lendemain de la mort d'Adama, *Mediapart* publie un long article qui donne la parole aux proches de la victime. Leurs témoignages sont forts, émouvants, choquants, mais, comme la suite le montrera, surtout erronés. « Les gendarmes l'ont interpellé au centre-ville, l'ont tapé pour le faire entrer de force dans la voiture et il a eu une crise, croit savoir Hatouma, la sœur du défunt. Ils l'ont emmené quand même en garde à vue, sans appeler les pompiers ni rien du tout. [...] On nous a raconté qu'au poste il était par terre, menotté, et qu'ils lui ont donné des coups sur la tête. Il a fait une crise, mais ils ont continué à lui donner des coups. Il a succombé aux coups. » Bagui renchérit : « Je l'ai vu à la gendarmerie, par terre, les mains menottées dans le dos. Il était mort. J'ai vu le gendarme, il est parti avec un T-shirt tout blanc et il est revenu avec un T-shirt plein de sang. Il n'a pas de plaie, c'est le sang de mon frère qu'il a sur le T-shirt. Il n'y a pas de crise cardiaque, ce sont eux qui l'ont frappé. »

Très rapidement, le comité va abandonner l'hypothèse des coups mortels, que rien ne vient étayer. Et les journaux qui s'étaient fait l'écho de ces accusations de violence infondées cesseront de les évoquer sans plus de façon.

Le défunt relégué au second plan

En réalité, très rapidement, le défunt passe au second plan. Les circonstances exactes de son interpellation et de son décès intéressent moins car lui devient un nom, un symbole. Assa Traoré surgit des coulisses et impose un autre schéma narratif, celui de la sœur courage en guerre contre la machine administrative, ses non-dits et sa tendance à l'auto-absolution.

Selon Jean-Michel Decugis, journaliste au *Parisien*, vétéran de la rubrique police-justice, elle a été bien aidée par les maladresses de l'institution. « Des bavures policières et judiciaires, j'en ai vu des dizaines. Si quelqu'un cherche un cas emblématique, la mort d'Adama est un mauvais dossier. Personne n'a été mis en examen au bout de quatre ans et demi d'enquête. C'est tout dire. Il a été autant médiatisé parce que maître Yassine Bouzrou a exploité toutes les failles de l'instruction. Et qu'en face la gendarmerie s'est murée dans le silence, comme à son habitude. Quant au procureur Yves Jannier, il a enchaîné les erreurs de communication. »

Yves Jannier n'étant pas présent au tribunal le soir du drame à la caserne, le parquet s'est trouvé représenté par son substitut, moins expérimenté. Le lendemain des faits, alors que les émeutes avaient déjà commencé, le procureur a évoqué un « malaise cardiaque » comme cause du décès, terme qui ne figurait pas dans le premier rapport d'autopsie. Par ailleurs, le procureur a omis de parler d'une éventuelle asphyxie, ce qui a été interprété comme une volonté de cacher quelque chose : en l'occurrence, un étouffement d'Adama Traoré par les gendarmes lors de son interpellation. Dans un dossier abordé sans *a priori* par les médias, ces imprécisions n'auraient peut-être pas porté à conséquence. Hélas pour Yves Jannier, la grande majorité des journaux qui couvraient l'affaire Adama, du moins au début, le faisaient en privilégiant l'hypothèse de la bavure dissimulée. Les journalistes ont donc assailli de questions le procureur, qui a très vite cessé de leur parler sans mettre fin aux rumeurs et aux spéculations. « La version officielle est trop alambiquée pour y adhérer sans questionnements », écrit *Mediapart* le 23 juillet.

Yves Jannier est muté en septembre 2016, sans qu'il y ait forcément un lien avec ses maladresses dans le dossier. Au même moment, maître Bouzrou demande et obtient le dépaysement à Paris. « L'affaire Adama Traoré devient un scandale judiciaire », titre *Mediapart* le 22 septembre 2016, en développant longuement l'idée que le procureur Jannier a menti pour couvrir les gendarmes. Compte tenu de son excellente réputation en matière d'enquête, le site donne le ton à la couverture médiatique de cette histoire.

Dès lors, Assa Traoré attaque un trimestre journalistique très chargé : *Les Inrockuptibles*, le Bondy Blog, *L'Obs*, *Jeune Afrique*, *Le Monde*, Radio France, *Libération*, l'émission « La Clique » sur Canal+, *BastaMag*, etc. Les journalistes l'écoutent et produisent tous peu ou prou le même article ou le même entretien, prenant pour argent comptant sa version. Comment faire autrement ? Ils ont d'un côté les gendarmes, qui refusent les demandes d'entretien et se font représenter par leur avocat, Rodolphe Bosselut, un excellent pénaliste mais qui a le tort, aux yeux de certains, d'être l'un des avocats attitrés de Marine Le Pen… à l'instar d'autres personnalités politiques de droite et de gauche qu'il défend ! Le malentendu est classique à propos des avocats : personne ne sait pour qui vote maître Bosselut dans le secret de l'isoloir, mais le simple fait d'accepter de travailler pour le Rassemblement national le rend suspect pour les journalistes de conviction. D'autant plus que ces derniers ont, de l'autre côté, une femme incarnant à leurs yeux l'immigration et les populations des cités. Le choix est d'autant plus vite fait que, contrairement à ce qu'on pourrait imaginer, les personnalités charismatiques incarnant « la banlieue » ne sont pas faciles à trouver. Omar Sy est certes né à Trappes, mais il vit désormais à Hollywood et, non sans bon sens, refuse de parler d'une réalité qu'il ne connaît plus du tout[1].

Assa Traoré, au contraire, se montre disponible. Après la mort de son frère, elle a cessé de travailler, devenant militante à plein temps. Elle est ce qu'on appelle un « bon client », en jargon média. Elle a du charisme, parle avec assurance, livre un message simple, répétitif mais efficace, sans digression. Elle devient rapidement un sujet en elle-même, une people, indépendamment de son frère, dont on parle de moins en moins au fil des

1. Alors que le magazine *Technikart* lui demandait si les violences policières à Trappes étaient en hausse, en décembre 2020, l'acteur a répondu : « J'en ai aucune idée : je ne vis plus à Trappes et je n'ai plus seize ans. Ça fait deux bonnes raisons pour ne pas répondre à cette question. »

reportages. L'histoire de la famille entière perd rapidement toutes nuances pour devenir un archétype : le père polygame mais présent et affectueux, la grande fratrie de dix-sept enfants pleine de mouvement et de chaleur ; les garçons font quelques bêtises, des broutilles, c'est de leur âge ; tous sont en proie aux persécutions des forces de l'ordre, etc.

Les incohérences de son récit, un peu trop vite évacuées par les médias sympathisants de gauche, sont relevées en revanche par la presse de droite. « Nous nous sommes penchés sur le dossier en réaction, au sens technique du terme, explique Amaury Bucco, journaliste à *Valeurs actuelles*. Le comité Adama tapait sans retenue sur les gendarmes. Mon collègue Louis de Raguenel, parti ensuite à Europe 1, avait des bonnes sources dans l'administration de l'Intérieur. C'est lui qui a commencé à travailler sur le comité. » Ces sources ont donné à Louis de Raguenel des éléments à charge contre les Traoré. Bagui et Adama étaient des délinquants endurcis – des données *a priori* sans importance par rapport au fond de l'affaire, les gendarmes devant traiter correctement un suspect quels que soient ses antécédents[1].

1. Dans les commentaires suscités par les articles, la même erreur de raisonnement revient souvent, avec une polarité inversée selon les camps : « C'était un brave garçon, donc les gendarmes l'ont tué », version extrême gauche ; « C'était un voyou, donc les gendarmes ne l'ont pas tué », version extrême droite.

Certaines informations, néanmoins, étaient de nature à changer sensiblement la lecture de l'histoire. Adama et Bagui Traoré dealaient, Adama portait sur lui près de 1 300 euros en petites coupures le jour de son décès. Pour un jeune de banlieue sans emploi, voilà une forte somme. Elle expliquait probablement pourquoi il s'était enfui en voyant arriver les gendarmes, contrairement à son frère Bagui. Il ne cherchait pas seulement à se soustraire à un énième contrôle d'identité, comme l'a si souvent répété sa sœur. Il partait avec la recette d'un point de deal. Or, sa fuite a été le point de départ de l'enchaînement qui a conduit à son décès. Dans son livre ouvertement de parti pris écrit avec Assa Traoré, *Lettre à Adama*, la journaliste de *L'Obs* Elsa Vigoureux avance que cet argent avait été donné au jeune homme par des proches pour son anniversaire. Mille trois cents euros pour ses vingt-quatre ans, dans un milieu modeste ? L'explication, peu plausible, vise sans doute à évacuer un élément embarrassant.

Clivage gauche/droite

La couverture de l'affaire s'est rapidement calée sur ce clivage gauche/droite. Les médias classés à gauche ont accordé une oreille bienveillante au comité Adama, alors que les journaux de droite ou de gauche anti-indigéniste

(*Le Figaro*, *Le Point*, *Marianne*, *L'Express*, *Causeur*…) ont gardé leurs distances avec les thèses de la famille. *Valeurs actuelles* a été le plus offensif. Curieusement, le comité Adama, pourtant prompt à menacer les médias de poursuite, ne l'a jamais attaqué en justice. « Je pense qu'ils se disaient qu'on touchait seulement un public déjà hostile envers eux, analyse Amaury Bucco. En fait, on les renforçait en interne ! Chez certains militants de gauche, le fait que *Valeurs actuelles* écrive quelque chose constitue une raison suffisante pour penser le contraire. »

Au fil des mois, peut-être pour garder l'attention des médias, le discours du comité Adama est devenu de plus en plus idéologique, incantatoire même. « Les gendarmes ne sont pas venus trouver Adama comme ça […]. Ils se déplacent armés comme dans une zone de guerre, cagoulés, casqués, avec l'idée de briser des voyous. Il faut casser ce que l'État a construit par rapport aux jeunes des quartiers populaires, déclarait Assa Traoré dans un discours rapporté par *La Croix* le 19 juillet 2017. On ne lâchera pas, on ne veut pas une simple mise en examen, on veut une condamnation. Ce jour-là, ils ont eu un droit de mort sur Adama. Ils devront payer. » Au moment où elle s'exprimait, il n'était question ni de condamnation ni même de mise en examen, l'affaire menaçait de s'essouffler médiatiquement. Avec l'aide de son avocat, le comité Adama s'est efforcé de maintenir le buzz.

Le 18 juillet 2019, pour le troisième anniversaire de la mort du jeune homme, sa sœur publiait une tribune intitulée « J'accuse » sur les réseaux sociaux, relayée par un entretien accordé au *Parisien*. Elle y dévoilait les noms de tous les acteurs du drame, des gendarmes ayant interpellé son frère aux magistrats en charge de l'instruction, en passant par les experts de la médecine légale. Tous coupables de quelque chose, tous responsables à un titre ou à un autre. Le but avoué était d'éviter ce que le comité appelle un « enterrement du dossier », c'est-à-dire la clôture de l'instruction. La manœuvre était risquée – Assa Traoré a été condamnée en appel en mars 2021 pour atteinte à la présomption d'innocence –, mais elle a été médiatiquement payante. Revers de la notoriété, les casiers judiciaires fournis de plusieurs des frères Traoré ont été étalés au grand jour, à un point qui aurait été inimaginable s'ils étaient restés des délinquants ordinaires. Le summum a été atteint avec la sordide affaire de la fourchette. Le 21 juillet 2020, *Le Point* révélait que la commission d'indemnisation des victimes d'infractions du tribunal de Pontoise avait accordé une indemnité à un ancien codétenu d'Adama Traoré : ce dernier l'avait forcé à lui faire des fellations en cellule sous la menace d'une fourchette. Pour ne rien arranger, l'un des frères d'Adama, Yacouba, avait tabassé le plaignant en représailles, écopant de dix-huit mois de prison ferme. Les révélations du *Point* salissaient la mémoire d'un mort, mais dans le contexte, elles n'étaient pas injustifiées.

À la suite de l'émotion mondiale provoquée par la mort de l'Américain George Floyd, étouffé sous le genou d'un policier le 25 mai 2020, le comité Adama connaissait alors un regain d'activisme inédit. Le jeune homme décédé quatre ans plus tôt était en voie de béatification médiatique. Une fresque éphémère en noir et blanc de quarante mètres de long à sa mémoire et à celle de George Floyd a été créée place Jan-Karski, à Paris, par le graffeur français JR et des élèves de l'école de cinéma Kourtrajmé – fondée par Ladj Ly, le réalisateur du film *Les Misérables*, couronné aux Césars –, le tout avec l'accord implicite de la Ville de Paris. Une autre fresque dans le même esprit – Adama Traoré et George Floyd sur plusieurs mètres – a été peinte dans la commune de Stains. Revers de la médaille, la décision d'une obscure commission administrative d'indemnisation remontait, elle aussi, en pleine lumière. La notoriété n'a pas que des avantages.

Les pièges du star-system

Le constat, du reste, est vrai également pour Assa Traoré. Rien dans sa vie ne l'avait réellement préparée à la brusque célébrité que lui ont accordée les médias après le décès de son demi-frère, ce qui peut expliquer certains impairs qui ont nui à la cause qu'elle entendait défendre.

Il y a d'abord eu le numéro des *Inrocks* du 10 avril 2019. Elle posait en couverture et déroulait en entretien un discours rodé sur les violences policières, mais s'était aussi prêtée au jeu d'une rubrique à la frivolité assumée : « Où est le cool ? » Assa Traoré donnait l'adresse de son barbier préféré, « inscrit dans une longue histoire du traitement de la capillarité masculine afro », celle de son relookeur de baskets fétiche (« Ramenez votre vieille paire et une heure plus tard, comme neuve et personnalisée, elle sera devenue une petite œuvre d'art portable »), celle de son traiteur afro « aux saveurs multiculturelles et créatives » et celle de sa coiffeuse, « spécialisée dans le cheveu afro ». Le contraste entre la gravité de la militante et la frivolité de la fashionista était certainement voulu, mais était-il judicieux ? C'est à partir de cette époque qu'on a vu poindre ce qui allait devenir un refrain lancinant sur les réseaux sociaux, chez les soutiens du comité : Assa prenait la grosse tête.

Un an et demi plus tard, elle franchissait un pas supplémentaire en posant dans *Elle* pour une collection de Stella McCartney, portant un T-shirt siglé d'un grand A sanglant ; la création, censée honorer son combat, était vendue 450 euros pièce.

Six mois plus tard, en juin 2021, c'était l'affaire de trop, celle des escarpins Louboutin. Assa Traoré annonçait sur la page Facebook « Vérité pour Adama » qu'elle devenait l'égérie de cette marque de luxe, qui vend des chaussures à plus de 1 000 euros la paire. Consternation générale, déluge de critiques dans les commentaires : « Le poing levé en Louboutin, y a pas un blème, là (quand même) ??? » ; « J'ai d'abord cru à une blague !!! Justice à coups de Louboutin ?... Je suis sidérée. Tout le monde a le droit de se tromper, toi y compris, mais pas trop longtemps tout de même... » ; « Une révolution sociale en Louboutin fait-elle sens ? » ; « Récupération à ton compte personnel d'une cause qui semblait si juste. Je ne pense pas que ton frère aurait apprécié ce que tu orchestres autour de sa mort ; on ne parle plus d'Adama, on ne parle que d'Assa... Tu es ta pire ennemie. Tu décrédibilises une cause qui a besoin de vrais intellectuels, de vrais penseurs engagés pour la défendre, pas d'une midinette en mal de likes ».

Le cas très particulier de la presse américaine

Dès le 29 juillet 2016, le *New York Times* publiait un éditorial sur l'affaire Adama Traoré, intitulé « Black Lives Matter in France, Too ». La traduction littérale, « En France, les vies noires comptent aussi », restitue mal le sens de la formule, laquelle fait référence au mouvement politique américain Black Lives Matter, créé en 2013 pour lutter contre le racisme des policiers locaux. Le racisme en question a fait l'objet de milliers d'analyses, impossibles à résumer ici. Il en ressort, globalement, que la grille de lecture américaine des rapports entre les forces de l'ordre et les minorités raciales n'est pas vraiment transposable à la France, pour des raisons historiques, sociologiques, urbaines et même pour une simple question d'ordre de grandeur – les forces de l'ordre américaines tuent dix fois plus de citoyens américains que la police et la gendarmerie françaises, à population comparable !

Cet écart hallucinant n'empêche pas la presse américaine de donner régulièrement des leçons d'antiracisme à la France. En 2020, au moment de l'affaire George Floyd, Assa Traoré a ainsi retenu l'attention des plus prestigieux journaux américains, en tant que figure de proue de la « lutte contre les violences policières ». Le 12 juin, le *Washington Post* lui consacrait un long article. Le 18 juin, c'était le *New Yorker*. Le 28 juin, elle recevait une distinction de la chaîne Black Entertainment Television, le BET Global Good, pour avoir créé une organisation œuvrant au « bien-être de la communauté noire ». Le 17 juillet, elle avait droit à un long portrait dans le *New York Times*. Le site de la fondation Obama l'avait interviewée peu auparavant. Le 12 décembre, apothéose, l'édition Europe-Proche-Orient du magazine *Time* l'affichait en couverture. Catapultée « personnalité de l'année », elle était présentée comme l'égérie d'un combat sacré pour le respect de la vie des « racisés ». Les critères de choix de la *person of the year* du *Time* ne sont pas publics, mais défendre l'idée que la France est un pays gangrené par le racisme d'État, manifestement, ne peut pas nuire.

Ces différents articles se ressemblaient beaucoup. Détaillés et apparemment impartiaux, ils étaient en réalité terriblement biaisés. En bons professionnels, les journalistes américains n'oubliaient jamais de préciser que personne n'avait jamais été mis en examen pour la mort d'Adama Traoré. Mais en bons professionnels encore, ils soufflaient hypocritement l'explication au lecteur : c'était parce que, côté français, « l'arrestation n'a pas été filmée, comme celle de Floyd », écrivait le *Washington Post*, alors qu'Adama Traoré « était pareillement cloué au sol par trois gendarmes et aurait dit qu'il ne pouvait pas respirer ». Mais contrairement aux Américains, « les autorités françaises ne reconnaissent pas qu'une faute a été commise sur son frère ». Parce que rien ne prouvait la faute ? Non, parce que les Français étaient enfoncés « dans le déni des problèmes raciaux ». En résumé, le grand quotidien américain s'enfonçait dans un raisonnement circulaire : la mort impunie d'Adama Traoré était la preuve du racisme d'État français, qui était lui-même la cause de la mort impunie d'Adama Traoré, qui était la preuve du racisme d'État français, etc. À aucun moment le *New York Times*, le *New Yorker* et le *Washington Post* n'ont envisagé l'hypothèse d'un décès sans faute, ayant des causes banalement physiologiques. Faire un portrait d'Assa Traoré comme égérie du combat des Noirs en France revenait à admettre que les gendarmes avaient tué Adama.

Ces articles orientés n'étaient pas entièrement le fruit du hasard : l'intelligentsia américaine progressiste – dont les rédactions du *Washington Post*, du *New York Times* et du *New Yorker* sont la quintessence – a fait sien un discours victimaire, formaté pour les jeunes Noirs et Arabes des cités françaises, par des théoriciens et des agents d'influence américains.

Les Wikileaks contiennent des télégrammes diplomatiques éloquents à cet égard. Ils décrivent comment l'ambassade américaine à Paris a pensé faire d'une pierre deux coups après les émeutes ayant secoué nos banlieues en 2005. Cette année-là, le 9 novembre, l'ambassadeur, Craig Roberts Stapleton, a envoyé une note confidentielle à Washington, titrée : « Le modèle français d'intégration : parti en fumée ? » Il analysait le problème des banlieues comme une des conséquences de « l'échec de la France blanche et chrétienne à considérer ses compatriotes à la peau sombre et musulmans comme des citoyens à part entière » et incitait son gouvernement à s'intéresser davantage aux banlieues françaises. Comme le résumait un mémo rendu public par les Wikileaks, « une nouvelle stratégie d'approche des minorités musulmanes et arabes en France » permettrait de regagner un peu du crédit perdu par les États-Unis dans le monde arabe, « à la suite de l'invasion de l'Irak en 2003 et au contrecoup d'opinion négative qui l'a suivie ». Afin d'approcher « l'audience-cible et gagner sa confiance », la ligne directrice était d'insister sur « des questions comme les discriminations, l'égal accès à la justice », etc. Bref, Washington a entrepris de choyer les Français de culture musulmane afin de se constituer une clientèle américanophile, en leur tenant un discours non dépourvu de démagogie : si vous ne réussissez pas en France, c'est parce que ce pays, contrairement aux États-Unis, ne donne pas leur chance aux représentants des minorités.

Ambassadeur américain à Paris à partir de 2009, Charles Rivkin s'est donné les moyens de ses ambitions. Puisant dans un épais carnet d'adresses, il a organisé une rencontre entre des jeunes de Seine-Saint-Denis et la star Samuel Jackson en 2010. Le Département d'État ne dicte pas leur ligne aux journaux américains, mais il a les moyens de suggérer des pistes. De fait, son représentant à Paris a appuyé la publication d'un très long article sur le Bondy Blog dans le *New York Times* en 2015. L'ambassade a donné une grande latitude à ses attachés culturels (en particulier celui du consulat de Lyon, Victor Vitelli), pour travailler à la « promotion des minorités ». Les programmes existants comme les « Young Leaders » de la French American Foundation ou le programme des « Visiteurs internationaux », en direction des minorités visibles, ont été soutenus. Pilier du comité Vérité pour Adama, Almany Kanouté a bénéficié en 2011 du second, tout comme Rokhaya Diallo, soutien indéfectible du comité, ou Ali Soumaré. Conseiller régional socialiste en Île-de-France de 2010 à 2017, ce dernier avait publié en 2017 sur sa page Facebook un long message de soutien à Assa Traoré, où il se disait convaincu que la mort de son demi-frère « n'était pas une fatalité », mais « le produit d'un système, notre système, qui permet aussi bien à quelqu'un comme Adama ou moi de finir l'écharpe tricolore au cou, comme allongé sans vie sous le genou d'un représentant des forces de l'ordre ». Membre du groupe de rap La Rumeur, qui a réalisé un documentaire sur l'affaire Adama, Ekoué Labitey a lui aussi passé trois semaines aux États-Unis, tous frais payés, rencontrant des conseillers de Hillary Clinton, en tant que « visiteur international ». « Là-bas, il a compris une chose, écrivait Elsa Vigoureux dans *L'Obs* du 15 septembre 2011. La France est arrivée au bout d'un cycle. Si le débat et les haines sont si exacerbés autour des questions identitaires, c'est qu'il s'agit des derniers cris poussés par ceux qui s'accrochent à ce qui leur échappe déjà. » Les Américains sélectionnent « ceux qu'ils pressentent comme les leaders de demain », faisait dire Elsa Vigoureux à l'un de ces « visiteurs internationaux » (Ladji Real, en l'occurrence). « La différence, aujourd'hui, c'est que ces derniers ne sont plus seulement des hommes blancs issus des grandes écoles. Et les Américains l'ont peut-être compris plus vite que les Français », concluait la journaliste. Les Américains étaient surtout en train d'entretenir le complexe de persécution des Français d'origine africaine, comme le comité Adama allait le faire plus tard, avec l'appui énergique de certains médias.

Qu'en restera-t-il ?

Sur le plan judiciaire, l'issue la plus probable de l'affaire Adama Traoré est un non-lieu. Les gendarmes n'ont pas été mis en examen au bout de quatre années et demie d'enquête. Sauf coup de théâtre (mais lequel ?), ils ne le seront jamais. Parce que rien ne peut être retenu contre eux. De là à dire que leur innocence sera reconnue, admise, intégrée dans la mémoire collective, il y a une marge. Tout porte à croire au contraire, comme le prédit Jean-Michel Decugis, que « le nom d'Adama Traoré va rester comme un symbole des violences policières dans les années à venir, même et surtout quand les détails du dossier seront tombés dans l'oubli ».

On peut faire un parallèle avec l'affaire Seznec[1]. En 1924, Guillaume Seznec avait été condamné au bagne à perpétuité pour le meurtre de Pierre Quéméneur, conseiller général du Finistère. La presse de l'époque s'était passionnée pour ce fait divers, par ailleurs assez banal. Après la Seconde Guerre mondiale, Guillaume Seznec avait été gracié et il était revenu en France. Son petit-fils, Denis Le Her-Seznec, s'est battu avec une énergie phénoménale pour réhabiliter la mémoire de son grand-père. Il a échoué en justice. En 2006, la cour de révision a conclu à l'absence d'élément nouveau susceptible de faire naître le doute sur la culpabilité de Guillaume Seznec, ce qui aurait pu entraîner un nouveau procès. Au passage, la cour a méthodiquement taillé en pièces la théorie de la machination policière

1. Seznec est un nom de famille courant dans le Finistère. J'ai probablement une parenté éloignée avec Guillaume Seznec et ses descendants, mais aucun lien direct ni aucun contentieux. [N.D.A. Erwan Seznec.]

contre un innocent, portée par Denis Le Her-Seznec pour dédouaner son grand-père. En revanche, Denis Le Her-Seznec a gagné la bataille de l'opinion : à une large majorité, les Français qui connaissent l'affaire sont persuadés que le nom de Seznec est celui d'une erreur judiciaire. Le dossier d'accusation est accablant, mais qui l'a lu ? La fiction a plus de poids. Yves Boisset a réalisé en 1993 un téléfilm, avec un Christophe Malavoy émouvant dans le rôle d'un Guillaume Seznec injustement condamné. Robert Hossein a mis en scène l'histoire en 2010 au Théâtre de Paris. Glénat a publié une bande dessinée d'un parti pris flagrant la même année, visée et préfacée par Denis Le Her-Seznec. Sans parler du spectacle musical du groupe Tri Yann, des émissions de radio, de télévision, etc.

Bientôt le film ?

Un jour, peut-être, l'affaire Adama Traoré aura elle aussi son film. En mars 2021, Assa Traoré a créé une société, Doumbé Productions, enregistrée en toute discrétion au tribunal de commerce de Pontoise. Sa directrice générale est une professionnelle expérimentée : Aissata Sy, quarante-huit ans, vingt ans de métier, productrice d'une partie des 4 485 épisodes du feuilleton *Plus belle la vie*. Assa Traoré est l'unique actionnaire de Doumbé. Elle a apporté 10 000 euros en capital à la société. Les statuts sont standards : Doumbé a comme objet « la production de tous programmes télévisuels, audiovisuels [...] dans tous domaines destinés tant au cinéma ou à la télévision qu'à la diffusion par tous supports audiovisuels », etc.

S'agit-il de préparer un biopic d'Adama Traoré ? Ou d'Assa Traoré ? L'étrange domiciliation de la société donne un indice : Doumbé est enregistrée à Beaumont-sur-Oise, 14, rue Boyenval, où, en ce qui concerne l'audiovisuel, c'est le désert. La rue Boyenval se trouve dans un quartier populaire de la commune résidentielle aux confins de l'Île-de-France, à la limite de la Picardie. Assa Traoré, elle, n'y vit pas, habitant depuis des années à Ivry-sur-Seine, à plus de cinquante kilomètres de Beaumont. Aissata Sy, quant à elle, réside à Paris. L'agence du Crédit Lyonnais qui a enregistré le dépôt de capital d'Assa Traoré se trouve d'ailleurs avenue Ledru-Rollin. Aissata Sy se présente sur LinkedIn comme « productrice au cœur des problématiques de la diversité ». Les problématiques en question constituent aujourd'hui un créneau à part entière, dans un cinéma français largement tributaire des aides publiques. Le Centre national de la cinématographie (CNC) a aussi créé un fonds « Images de la diversité » visant à soutenir la création et la diffusion des œuvres contribuant à donner une « représentation plus fidèle de la réalité française et de ses composantes ». S'il s'agit d'obtenir une aide de ce fonds, domicilier Doumbé Productions dans une cité de Beaumont-sur-Oise ne peut pas nuire.

L'idée d'un film sur l'affaire était déjà dans l'air. Le réalisateur Mathieu Kassovitz a plusieurs fois déclaré qu'il aimerait réaliser un long-métrage sur Assa Traoré. Ce ne serait pas à charge. Dans *Le Parisien* du 4 août 2021, l'acteur et réalisateur se déclarait « à 100 % » d'accord avec le comité Vérité pour Adama. Si biopic il y a, il faut espérer qu'il sera plus passionnant que la réalité : le cœur d'un jeune homme coursé par les gendarmes a cessé de battre un jour de juillet 2016, sans que personne l'ait brutalisé.

Intermède

Contradictions

Depuis le décès de son demi-frère en juillet 2016, Assa Traoré et les autres membres du comité Vérité pour Adama ont donné des dizaines d'interviews. Souvent répétitives, ce qui est tout à fait normal. Plus étonnant, il est possible de trouver des entretiens où le comité en général, et Assa Traoré en particulier, se contredisent sur des points loin d'être anecdotiques.

Le lendemain de la mort, le 20 juillet 2016, Assa Traoré déclare à iTélé que son frère Bagui a « vu Adama se faire frapper à la tête par un gendarme. Mon frère a voulu intervenir et ils l'ont envoyé à Cergy pour qu'il n'assiste pas à cet assassinat ». Changement complet de version au bout de quelques jours : « Adama Traoré n'a certes pas été battu, mais écrasé par le poids » des gendarmes, déclare maître Bouzrou le 29 juillet 2016 dans *L'Obs*.

Le 25 juillet 2016, Bagui Traoré affirme en conférence de presse : « C'est moi qu'ils [les gendarmes] venaient chercher, mon frère s'est interposé. » Par la suite, plus personne ne parlera d'interposition d'Adama. Au contraire, il est censé avoir pris la fuite en urgence, afin d'échapper à un contrôle au faciès.

Assa Traoré se bat-elle pour son demi-frère ou pour tous les présumés « racisés » ? Là aussi, il y a eu évolution. Le 13 décembre 2016, elle déclare à *L'Obs* : « Je parle exclusivement au nom des miens, et non de toutes les familles de victimes de bavures policières. » Quatre ans plus tard, dans les *Inrocks* du 23 janvier 2020, elle globalise et racialise son combat, au contraire : « Aujourd'hui, nous vivons ni plus ni moins les conséquences de l'esclavage et de la colonisation. » Une évolution légitime, une prise de conscience de la portée de son combat ? Si c'était le cas, pourquoi faire marche arrière dans *Vice* le 6 janvier 2021 : « Je refuse que l'on m'enferme dans un discours, et notamment un discours racial. Il ne s'agit pas d'un duel Blancs contre Noirs... » ? Volte-face dans *Jeune Afrique* du 4 février 2021, avec une sortie qui sera beaucoup commentée : « Les hommes noirs et arabes ne sont pas en sécurité en France », pour cause de répression policière ciblée.

Le 13 juillet 2018, dans une lettre ouverte au président de la République, Assa Traoré écrit : « Je ne demande rien, monsieur le président, madame la garde des Sceaux, que ce dont vous êtes les garants. La justice. Le droit de savoir ce qui est arrivé à mon frère. Le droit de comprendre ce qui a conduit à sa mort. Que tout soit mis en œuvre pour la manifestation de la vérité. » Des propos dignes, mesurés. Mais sont-ils sincères ? Car Assa Traoré somme régulièrement la justice de lui donner raison. Elle le répète à maintes reprises, elle ne veut pas une enquête impartiale, ni même des mises en examen : à ses yeux, il faut que « les gendarmes soient condamnés ». En d'autres termes, une instruction indépendante, à charge et à décharge, se reconnaîtra au fait qu'elle dira à Assa Traoré ce que celle-ci a envie d'entendre. « Nous garderons jusqu'à la fin, c'est-à-dire jusqu'au procès et jusqu'à la condamnation des gendarmes, la ligne de conduite que nous avons adoptée. Nous n'allons pas nous écarter de ce chemin. Au contraire, notre action doit être encore plus déterminée. [...] Nous, on connaît la vérité depuis le début. » Il n'est pas inutile de rappeler que la jeune femme se trouvait en Croatie, fort loin de Beaumont-sur-Oise, lorsque son demi-frère est mort. Qu'elle n'a donc pas été témoin de son décès. Que ce qu'elle en sait est de seconde main.

L'adresse au président, où elle prétend qu'elle « ne demande rien », vient entre deux ultimatums dans lesquels elle menace expressément d'ameuter les cités si jamais l'affaire était classée, voire de « renverser le président », comme elle l'a clamé lors d'une manifestation au printemps 2018 à Paris.

Même sur des détails, l'égérie du comité entretient un rapport étrange avec la vérité. Dans un podcast de l'émission « La Poudre » du 10 juin 2020, elle explique longuement à la journaliste Lauren Bastide à quel point la famille dans laquelle elle a grandi était aimante et solidaire, elle-même s'investissant dans l'éducation de ses jeunes frères après le décès prématuré de leur père. Il est impossible, en écoutant ce podcast, de ne pas conclure qu'Adama Traoré, bien qu'orphelin de père, a reçu tout l'amour et surtout tous les repères souhaitables. Erreur. Comme le dit Assa Traoré dans son entretien à *Vice* le 6 janvier 2021, « un homme noir qui grandit sans père dans les quartiers, c'est difficile. Ça revient à ouvrir la porte, à le lancer en l'air et à lui demander de s'accrocher à des branches pour ne pas tomber »...

7

« J'ai honte », lettre aux médias

Très vite, quand l'affaire a démarré, j'ai tenu une revue de presse, sans bien savoir pourquoi. Je ressentais un besoin incontrôlable de surveiller la Toile, les journaux, les infos télévisées. Je me faisais mal. J'avais mal. J'étais seule dans cette veille obsessionnelle, qui m'a très vite amenée à repérer les incohérences des médias. Pendant des années, j'ai suivi la construction progressive d'une icône, Assa Traoré, devant laquelle s'inclinaient des people, tous plus ignorants du dossier les uns que les autres. De juillet à décembre 2016, un torrent d'articles est paru dans la presse. À une écrasante majorité, ils prenaient, sans aucune distanciation, le parti de la famille Traoré.

J'ai tout lu. Et me suis infligé la lecture d'un nombre de bêtises hallucinantes. Affligeantes même.

La France qui discrimine, la France raciste, la France oppressive… Mais Assa Traoré en connaît beaucoup, des pays où on peut s'exprimer ainsi sans risque ?

La dette morale collective envers les « racisés » ? Je n'ai aucun esclavagiste dans mes ancêtres. Des serfs, oui. Je ne me sens pas responsable de l'histoire de l'esclavage en France. Je peux comprendre, admettre la faute qu'a constituée l'esclavage, mais je n'y suis pour rien.

Le « privilège blanc »... mais lequel ? J'ai travaillé pour payer mes études, mes enfants aussi. Je n'ai pas eu de logement social avant les autres parce que j'étais blanche. Il y a longtemps de cela, je me suis retrouvée au chômage, en interdit bancaire, avec trois enfants à charge. J'étais tellement déprimée que je me souviens m'être arrêtée devant une épicerie fine et, sans savoir pourquoi, avoir senti des larmes couler sur mes joues en regardant la devanture, moi qui n'avais pas de quoi acheter des gâteaux ou du chocolat à mes enfants dans la supérette près de notre domicile. « Privilège blanc », tu parles...

Pendant les quatre premières années de l'affaire Traoré, je n'ai rien dit. Je n'ai jamais écrit à une rédaction pour protester, pour rétablir la vérité, ou même pour relever des incohérences flagrantes. Les vœux d'Assa Traoré invitée par *Mediapart* le 31 décembre 2016, les papiers complaisants en une du *Monde*, les articles de *L'Obs*... chaque fois j'avais le sentiment de recevoir une grande claque, et de ressentir une contradiction terrible. Tous ces médias qui se disent « de gauche », qui sont de gauche, m'obligeaient à lire la presse de droite, moi qui ai toujours voté socialiste, pour y lire une autre version de l'histoire, plus juste, plus vraie, à quelques détails près.

Quand j'ai vu tomber la lettre « J'accuse » d'Assa Traoré, la nature de la claque a changé. Cette fois, c'était comme si on m'avait asséné un coup de poing dans la figure. Traoré et Dreyfus, même combat ? Une comparaison folle ! Désolée, non, ça n'a rien à voir.

Mais les médias marchaient. Quel était leur problème ? La stupidité, le parti pris, le manque de courage ? On pouvait pourtant rester honnête sans renier ses convictions. François Ruffin l'a fait. Il a été hué lors d'une réunion publique au Havre pour avoir refusé de porter le T-shirt « Vérité pour Adama », lui qui voulait d'abord se forger une opinion, refusait tout simplement de prendre pour argent comptant la prétendue vérité vendue par le comité Adama[1].

En juin 2020, la garde des Sceaux Nicole Belloubet a proposé de recevoir la famille Traoré au ministère.

1. Journaliste et député apparenté Insoumis, François Ruffin déclarait ce 21 septembre 2017 : « Je crois à l'enquête d'abord. Aujourd'hui, je suis sensible aux propos car j'ai publié un papier mais je ne vais pas me positionner avant d'être intimement convaincu. Je veux faire mon travail. En toute matière, je mène l'enquête d'abord. Ce à quoi je peux m'engager, c'est vous recevoir pour que vous me filiez les preuves et que je mène l'enquête pour que j'en sois intimement convaincu. »

L'idée m'a horrifiée. Scandalisée. Mais, comme ses membres ont refusé l'invitation, je me suis dit que c'était finalement la ministre qui se trouvait humiliée, voire ridiculisée. J'imaginais déjà Emmanuel Macron allant mettre une rose sur la tombe d'Adama Traoré. L'espace d'un instant, j'ai pensé contacter Brigitte Macron pour tenter de faire passer un message. De femme à femme. De mère à mère. Et ne l'ai pas fait, ignorant comment m'y prendre. Je me sentais seule, prenais tout dans la figure sans le moindre filtre.

Je n'en pouvais plus, de toute cette violence, de tous ces mots incontrôlés et incontrôlables, de tous ces discours insoutenables.

Alors, un jour, j'ai craqué. À l'été 2020, j'ai appris par les journaux que le maire PCF de Stains (Seine-Saint-Denis) Azzédine Taïbi avait inauguré une fresque « contre le racisme et les violences policières », représentant George Floyd et Adama Traoré, en présence d'Assa Traoré. C'était trop. Un élu prenait pour argent comptant ce que racontait le comité Vérité pour Adama et, ciseaux à la main, content de lui, validait l'invalidable, au nom de la République[1]. Justifiant son acte comme étant la « dénonciation des violences quelles qu'elles soient », cultivant un paradoxe qui est de porter

1. La fresque en question a été effacée dès septembre 2020, sur mise en demeure de la préfecture de Seine-Saint-Denis.

aux nues un homme condamné dix-sept fois pour trafic de stupéfiants, extorsion de fonds par violence, vol avec violence… J'ai eu honte, avec la conviction que des millions de Français avaient honte comme moi. Et je me suis dit, ce jour-là, que l'extrême droite n'avait plus rien à faire pour arriver au pouvoir, il lui suffisait de laisser parler Assa Traoré, leur meilleur agent électoral, convaincue que les propos qu'elle tenait faisaient finalement monter le racisme d'une manière insidieuse.

Je me suis mise à mon clavier et une longue lettre est sortie d'un seul jet, comme un cri du cœur. Je l'ai intitulée : « J'ai honte », en écho au « J'accuse » d'Assa Traoré. Mais ce n'était pas ma réponse, car je ne m'adressais pas à elle. En dénonçant la fresque de Stains et la démagogie du maire, je me tournais surtout vers les journalistes.

Extraits de cette lettre : « J'ai honte quand je lis tous les articles de presse qui relaient les informations et les communiqués fournis exclusivement par la famille Traoré et leurs avocats sans chercher à savoir si ce qu'ils relaient est exact ou pas. Les trois gendarmes n'ont pas tué M. Adama Traoré, mais vous les avez déjà condamnés dans un élan populiste et populaire rendant la vérité inaudible ! […] J'ai honte, honte comme des millions de Français, que vous ayez oublié tout ce qui faisait que votre métier est magnifique. Vous vous cachez derrière “Nous avons pu nous procurer… nous avons eu accès… les informations que nous détenons…", faisant des interprétations plus que douteuses, à partir d'informations parcellaires, traînant dans la boue des hommes et des femmes sans jamais avoir, par la suite, à vous en excuser ! J'ai honte de la manière dont vous traitez les informations ! Avec votre aide, mesdames et messieurs les journalistes, la thèse d'une vengeance personnelle est relayée ! […] S'il vous plaît, relisez ce que vous avez publié depuis quatre ans sur l'affaire Traoré. Combien de versions différentes sur l'arrestation de M. Adama Traoré sa famille nous a proposées depuis le début de l'affaire ? Les avez-vous comptées ? Combien de menaces de mort ont été portées à l'encontre de tous ceux qui ne disaient pas ce que la famille Traoré voulait entendre ? Les avez-vous comptées ? Combien de plaintes ont-elles été annoncées par la famille Traoré depuis juillet 2016 ? Les avez-vous comptées ? Combien de plaintes annoncées ont réellement été déposées ? […] L'important n'est pas que la plainte soit déposée ou qu'elle aboutisse, l'objectif est d'utiliser le magnifique espace médiatique que vous offrez à la famille Traoré ! Vous avez condamné les trois gendarmes, j'allais dire presque unanimement… Nous l'avons, hélas, bien compris. Regardez où nous en sommes aujourd'hui ! La violence dont font preuve les frères Traoré est indiscutable, mais dans une logique terrifiante de gommer et de niveler leurs "erreurs", les actes commis sont appelés des broutilles, les condamnations du harcèlement et, dans un raccourci magnifique et une volonté amnésique de votre part, les frères Traoré sont présentés comme des prisonniers politiques. [...] Avez-vous peur qu'on vous taxe de racisme parce que vous oseriez faire honnêtement votre travail ? Est-ce trop tard maintenant que vous vous êtes fait piéger pour oser dire la vérité ? Est-ce plus vendeur de condamner les gendarmes que de dire la vérité sur l'affaire Traoré ? [...] Une seule ligne de conduite semble tracée : lyncher les gendarmes dans une sarabande macabre ! L'affaire Traoré peut se résumer ainsi : "Trois gendarmes blancs, racistes, sympathisants RN, ont fait un contrôle d'identité et qui plus est au faciès d'un gentil garçon noir qui se promenait tranquillement à vélo puis, comprenant qu'il s'agissait de M. Adama Traoré, l'ont pourchassé jusqu'à l'obliger à se réfugier dans un appartement où, loin des caméras, ils allaient, enfin, assouvir leur vengeance !" »

J'ai envoyé mon courrier à une quinzaine de rédactions : *Marianne*, *Ouest-France*, *La Dépêche*, *Le Monde*, *Mediapart*, *Causeur*, *L'Obs*, *Libération*, etc. Et je n'ai eu aucun retour. Personne n'en a parlé. Selon Erwan Seznec, c'est peut-être parce que j'avais signé : « Je suis mère d'un gendarme et j'en suis fière », sans donner mon identité. À vrai dire, à l'époque, je me voyais mal le faire, ne me sentant pas de taille à affronter la pression médiatique, des plaintes à mon encontre et encore moins d'éventuelles menaces de mort.

Dans cette lettre, je remerciais les quelques artistes qui n'ont pas cédé à la facilité consistant à dénoncer les « violences policières » sans rien connaître au dossier. Car il y en a eu. J'ai aussi apprécié le coup de gueule du réalisateur Olivier Marchal contre les artistes « qui chient sur les flics ». J'ai aimé la « Lettre à un jeune Français prénommé Youssef » de l'entrepreneur Rafik Smati : « Tu imagines donc que le racisme, le rejet de ton origine ou de ta religion pourraient être l'explication de toutes les épreuves que tu traverses. Je crois sincèrement, mon cher Youssef, que tu te trompes. Bien sûr, il y a du racisme en France [...]. Seulement, il est de mon devoir de te partager ce qui est pour moi aujourd'hui une certitude : la société française n'est pas raciste. Tu trouveras dans le monde peu de peuples aussi ouverts, tolérants, fraternels que le peuple français. » L'interview de l'ancien champion du monde de boxe thaï Patrice Quarteron a aussi été une bouffée d'oxygène. Il y dénonçait les attaques ahurissantes contre des policiers de banlieue « coupables » d'avoir utilisé leurs armes contre une voiture forçant un barrage à 120 km/h et conduite par un jeune sous cocaïne. Lui-même noir, il parlait sans détour du racisme antiblanc dans lequel il avait baigné étant jeune et refusait, courageusement, de s'associer au mouvement américain Black Lives Matter.

L'ancien magistrat Philippe Bilger a été remarquablement lucide, lui aussi. Dès les premiers jours de l'affaire, il a publié un billet prémonitoire sur son blog, où il dénonçait le paradoxe « qui consiste à dire “La vérité, on la veut avec vous, madame la juge” », tout en faisant bien comprendre qu'il serait hors de question que cette vérité « soit différente de celle que, depuis quelques jours, insidieusement ou ostensiblement, on cherche à diffuser ». Cette vérité, c'est celle de la culpabilité des gendarmes. Cinq ans et demi plus tard, avec Erwan Seznec, nous avons posé une question très simple à maître Bouzrou : le comité Adama est-il prêt à accepter l'innocence de ceux-ci ? « Vos clients ont multiplié les déclarations visant à dénoncer un racisme systémique, ce qui fait peser de graves soupçons sur l'indépendance de la justice. Accepteront-ils un classement de l'affaire ? Considèrent-ils aujourd'hui comme satisfaisant le fonctionnement de l'instruction ? S'ils pensent qu'elle est biaisée d'une manière ou d'une autre, peuvent-ils donner des précisions sur les éléments qui les conduisent à douter de la justice ? Par hypothèse, un éventuel classement du dossier ne peut pas être une raison de douter de la justice, sauf à considérer que les gendarmes sont forcément coupables. »

Maître Bouzrou a préféré esquiver. Cet avocat intarissable et éloquent ne nous a jamais répondu.

Cela n'a aucune importance, car je connais d'avance le scénario. Le comité Adama n'acceptera pas autre chose qu'une condamnation des gendarmes. Si, un jour, l'instruction se termine sur le constat qu'Adama Traoré n'a pas été maltraité, et encore moins tué, il hurlera au scandale, à la vérité étouffée, à la seconde mort d'Adama. Et on trouvera des journaux pour s'en faire l'écho. Dans la presse, personne ne s'excusera. Personne ne dira : « On s'est emballé, désolé. » Quand on a le pouvoir d'écrire et de diffuser massivement, il faut pourtant être capable de reconnaître qu'on s'est trompé, par déontologie. Mais je voudrais simplement que les journalistes aient l'honnêteté de dire ou d'écrire : « Nous avons pris une position qui n'était pas la bonne. » Est-ce trop demander ? Apparemment, oui. Conséquence, je n'ai pas d'espoir. Et me souviens de l'affaire Dominique Baudis, traîné dans la boue sans raison par les médias, ce dont ensuite, une fois son innocence attestée, aucun n'a eu le courage de s'excuser[1].

Encore aujourd'hui, j'ai honte du comportement des femmes et des hommes politiques, quel que soit leur parti, qui pour certains font l'autruche tandis que

1. En 2003, l'ancien journaliste et maire de Toulouse Dominique Baudis a été soupçonné d'avoir participé à des partouzes sanglantes, avec viols et meurtres d'enfants. La justice a ordonné un non-lieu général en 2005 ; tout reposait sur les affabulations de quelques témoins psychologiquement fragiles.

d'autres jettent en permanence de l'huile sur le feu. J'ai honte, mal et du mal à avoir confiance aussi en la justice de mon pays. Car elle me fait peur. Car je redoute ce qu'elle va dire. Car je crains qu'un juge ne mette en examen les gendarmes pour faire plaisir à la famille Traoré. En vérité, tant que l'affaire ne sera pas classée sans suite, je ne serai pas tranquille. En famille, nous nous sommes dit que nous étions partis pour dix ans de tourmente. Il en reste quatre…

Si la justice est censée être imperméable à la pression de l'extérieur, c'est en grande partie de la fiction. Au moins dans l'affaire qui nous concerne. Douze juges se sont emparés du dossier à un moment ou à un autre. Combien ont su résister à l'avalanche médiatique ? Combien ont été hypersensibles à ce qui se disait dans les médias ? Les magistrats ont ouvert toutes les portes désignées par la famille et son avocat pour des raisons que je ne comprends pas. Le comité veut le dépaysement, on dépayse. Il veut des contre-expertises, la justice s'exécute. Il paye des experts pour rédiger des rapports disant ce qu'il a envie d'entendre, sur un corps que plus personne ne peut examiner, et c'est versé au dossier.

Peut-être les juges souhaitent-ils éliminer la moindre possibilité de critiques. Mais pendant ce temps, comment dois-je vivre ? Comment doivent vivre mon fils, sa femme, sa fille ? Les gendarmes n'ont jamais apporté la moindre pièce au dossier, fait le moindre acte, déposé la moindre requête de nature à prolonger l'enquête. Le magistrat instructeur a attendu deux ans pour entendre Romain. Pourquoi ? Mystère. Je sais la justice lente, mais il y a des affaires qu'on traite beaucoup plus vite. Les trois gendarmes de l'équipe numéro un, celle qui a interpellé Adama Traoré, n'ont toujours pas été entendus à la fin de l'été 2022 ! Ils auraient pourtant des choses à raconter. Ce ne sont peut-être pas celles qui arrangent le comité Adama, mais elles sont vérifiables. Le 19 juillet 2016, ces gendarmes ont été chargés d'interpeller un délinquant endurci nommé Bagui Traoré, mis en cause dans de très nombreuses affaires, plusieurs fois condamné, recherché alors pour extorsion de fonds sur deux femmes dont une sous curatelle, ce qui lui a valu d'ailleurs une condamnation à trente mois de prison ferme en avril 2018. Il se trouvait avec son demi-frère Adama. Ce dernier a pris la fuite, courant, se battant, fournissant un effort intense. Parce qu'il n'avait pas ses papiers sur lui et craignait un contrôle au faciès, selon la famille. Parce qu'il portait plus de 1 300 euros en petites coupures, recette probable d'une matinée de deal, selon les enquêteurs. La question n'a plus aucune importance, son décès a éteint les poursuites. La cause de ce décès est une chose, la responsabilité des gendarmes une autre. Ils n'ont pas à prouver leur innocence, car ils ne sont pas accusés. Mais qui le sait, aujourd'hui, en France ?

Qui se souvient que personne n'est mis en examen ? Qui a en tête que l'Inspection générale de la gendarmerie nationale n'a relevé aucune faute dans son enquête sur ce décès ? On a réussi à faire d'un dossier où il n'y avait pas grand-chose un monstre. J'y pense depuis des années. Sans cesse.

Intermède

Cette sortie d'Assa Traoré que beaucoup de médias préfèrent passer sous silence

La scène se déroule lors d'une manifestation à Paris, en 2018, à une date imprécise. Assa Traoré lance au mégaphone : « En Afrique, ils vont renverser le président, ils renversent le palais, ils rentrent dans le palais. Ça se passe comme ça en Afrique, pourquoi ça ne devrait pas se passer comme ça en France ? On est très nombreux, on est forts, on est plus forts. » Les images vont rester longtemps disponibles sur les réseaux sociaux. Mais aucun des médias qui soutiennent l'égérie du comité Vérité pour Adama n'en parlera. Aucun ne lui demandera ce qu'elle entend exactement par « renverser le président ». Parce que c'est superflu ? Le propos, très clair, renvoie à une évidence : la mouvance qui soutient Assa Traoré veut la révolution ; elle est non violente faute de moyens, non faute d'envie.

L'envolée d'Assa Traoré était une gaffe, car elle s'exposait à des poursuites (l'article 412-4 du Code pénal sanctionne l'appel « à des rassemblements d'insurgés, par quelque moyen que ce soit »), mais ses mots n'ont probablement pas trahi sa pensée. Tout le comité Adama flirte avec les appels à la violence, rebaptisée « rébellion », alors qu'il s'adresse à un public de banlieue qui a du mal à intégrer les limites de la légalité. Cette envolée d'Assa Traoré était en ligne avec les sorties les plus problématiques du philosophe Geoffroy de Lagasnerie, relais germanopratin du comité Adama, régulièrement invité sur Radio France. Ce dernier a publié en 2020 chez Fayard un bref essai intitulé *Sortir de notre impuissance politique*[1]. Comment serait qualifié un auteur d'extrême droite qui écrirait les phrases suivantes ? Selon Geoffroy de Lagasnerie, « il ne faut se faire aucune illusion sur le pouvoir du dialogue et de la conviction. Il y a des moments où seule la force est susceptible d'infléchir le cours des choses ». Il précise que la question de la violence « ne doit jamais être discutée du point de vue de la légalité », ajoutant : « La légalité n'importe pas et nous devons rompre avec tout légalisme éthique. » Curieusement, pour un intellectuel se donnant la peine

1. Geoffroy de Lagasnerie, *Sortir de notre impuissance politique*, Fayard, 2020.

d'écrire des livres, Geoffroy de Lagasnerie considère que « nous adhérons encore trop souvent à l'idée selon laquelle les arguments, les faits, la connaissance pourraient affecter et, qui sait, transformer ceux auxquels nous nous opposons ».

Geoffroy de Lagasnerie et le comité Adama se sont bien trouvés, car ils ont le même fil rouge : la violence des exclus répond à la violence officielle. « Puisque les hommes et femmes d'État savent s'affranchir de la loi pour leurs propres objectifs, il n'y a aucune raison que nous ne puissions faire de même », écrit-il d'ailleurs dans son essai. La formulation sophistiquée cache une posture puérile. « C'est lui qui a commencé », dirait un écolier surpris à taper un camarade. En l'occurrence, personne n'a rien commencé. Aucun élément ne permet de dire qu'Adama Traoré a été tué par les gendarmes, ni que le gouvernement les aurait couverts, si cela avait été le cas. Que des élus ou même l'État transgressent parfois la loi en France, aucun doute à ce sujet, mais ils ne le font pas ouvertement et sont sanctionnés une fois pris. Nous ne sommes pas en dictature. Et c'est heureux pour Geoffroy de Lagasnerie car, en tant que fonctionnaire de l'Éducation nationale, il risquerait de se retrouver complice par inadvertance de cette violence institutionnelle !

Geoffroy de Lagasnerie, en réalité, s'inscrit dans une tradition hélas ancienne : celle des intellectuels tellement fascinés par la violence qu'elle les prive de discernement. Jean-Paul Sartre en était le prototype. Commentant l'assassinat de onze athlètes israéliens par un commando propalestinien aux jeux Olympiques de 1972, il tint ces propos erronés jusqu'au délire dans ses entretiens avec John Gerassi[1]. Le massacre « se justifiait à deux niveaux : d'abord, parce que tous les athlètes israéliens aux jeux Olympiques étaient des soldats, et ensuite, parce qu'il s'agissait d'une action destinée à obtenir un échange de prisonniers. Quoi qu'il en soit, nous savons désormais que tous, Israéliens et Palestiniens, ont été tués par la police allemande ». Erreurs factuelles et justification péremptoire de l'injustifiable, Geoffroy de Lagasnerie a repris le flambeau. Invité de l'émission « Arrêt sur images » en janvier 2016, il a dit, à propos des attentats de novembre 2015 à Paris, que les terrasses de café de centre-ville étaient « un des lieux les plus intimidants qui soient, pour les jeunes des minorités ethniques. Un espace où on n'ose pas s'asseoir, où on n'est pas bien accueilli, où on n'est pas servi, où quand on est servi c'est cher » ; bref, en mitraillant des terrasses, les meurtriers « ont plaqué des mots djihadistes sur une violence sociale qu'ils ont

1. John Gerassi, *Entretiens avec Sartre*, Grasset, 2011.

ressentie quand ils avaient seize ans ». Si le fait d'avoir été traité avec condescendance dans un bar parisien peut expliquer de passer les clients et le personnel à la mitraillette, la mort d'Adama Traoré pourrait tout aussi bien justifier une attaque de l'Élysée, en effet.

8

Le match des expertises

À l'été 2022, l'enquête sur la mort d'Adama Traoré se résumait à un interminable débat médical autour des causes du décès. Neuf expertises avaient déjà été réalisées et une dixième était en cours ! Les premiers médecins ont examiné le corps du défunt. Après son inhumation au Mali le 7 août 2016, les experts suivants se sont penchés sur des prélèvements d'organes conservés dans le formol. On en est venu ensuite aux expertises d'expertises, relectures d'observations consignées par les premiers légistes, ou digressions médicales savantes sur tel ou tel aspect de la santé d'un homme de vingt-quatre ans mort un jour d'été.

La liste des expertises s'est allongée car le comité Adama a tout fait pour brouiller les cartes. Pour décrédibiliser les éléments médicaux qui n'allaient pas dans le sens de violences commises par les gendarmes sur le jeune homme, il a jeté le soupçon sur des spécialistes reconnus, experts agréés auprès des cours d'appel françaises. L'avocat du comité Adama, Yassine Bouzrou, a joué un rôle de premier plan dans ces manœuvres. Âgé de quarante-trois ans, ce pénaliste parisien a créé son cabinet en 2007 avec sa consœur Julie Granier. Il s'est fait connaître tout au long de sa carrière en défendant des accusés dans des dossiers très médiatisés. Il est ainsi apparu dans le procès du « gang des barbares » en 2009, aux assises de Paris. Maître Bouzrou défendait l'un des seconds couteaux de cette bande ayant enlevé, torturé et tué Ilan Halimi en 2006 pour extorquer une rançon à une famille juive, présumée riche. Il a également défendu Tariq Ramadan lorsqu'il était accusé de viol, ainsi que l'artiste russe Piotr Pavlenski, accusé d'atteinte à la vie privée pour avoir diffusé des vidéos intimes de l'homme politique Benjamin Griveaux. Toutefois, selon un de ses confrères parisiens, « l'essentiel du chiffre d'affaires du cabinet Bouzrou-Granier vient de dossiers peu médiatiques, portant sur le droit pénal des affaires. Même s'il ne travaille pas *pro bono* pour le comité Adama, l'affaire Traoré est de celles qui lui apportent de la notoriété, pas de l'argent ».

De très nombreux journalistes ont le numéro de portable de maître Bouzrou. Il le donne facilement et refuse rarement des interviews. « Bon client », il est capable de distiller des informations inédites et des punchlines efficaces. L'erreur à ne pas commettre est de croire que maître Bouzrou travaille exclusivement à la manifestation de la vérité. Il travaille dans l'intérêt des clients qui le payent, ce qui n'est pas la même chose. C'est l'essence même du métier d'avocat. En l'absence de mise en examen des gendarmes, faute d'élément suggérant leur implication dans la mort d'Adama Traoré, maître Bouzrou s'est employé à faire durer l'affaire et à la relancer médiatiquement, pour éviter un classement. En dernier recours, avec son aide, le comité Adama est allé chercher un médecin américain de quatre-vingt-six ans, ne parlant pas un mot de français, censé avoir autopsié J. F. Kennedy et George Floyd : l'étonnant Michael M. Baden. Un personnage sympathique, mais qui est surtout, depuis au moins deux décennies, un expert de plateau télévisé. Il en sera question plus en détail à la fin de ce chapitre. Avant d'en parler, il convient de dérouler le fil des expertises successives.

Première expertise…

Tout commence le 21 juillet 2016, quarante-huit heures après le drame. Comme il est de rigueur dans ce genre de situation, le corps d'Adama Traoré est immédiatement autopsié dans le but d'éclaircir les causes de la mort. Le médecin qui l'examine relève seulement des égratignures superficielles, aucune trace de coups ayant pu provoquer le décès. Pas de lésion externe, pas d'hématome, pas de marque de strangulation. Il y a une côte fracturée, mais c'est une conséquence très fréquente du massage cardiaque. Or, Adama Traoré en a subi un dans la cour de la gendarmerie, dans l'espoir de le réanimer. On constate une hyperthermie : sa température corporelle s'élève à 39,2 degrés plusieurs heures après la mort. Le légiste conclut à un « syndrome asphyxique » : Adama Traoré est mort parce que son organisme a été privé d'oxygène. Le légiste n'avance pas d'hypothèse sur les causes de cette asphyxie.

Deuxième expertise...

Un deuxième examen du corps est banal en cas de mort inexpliquée. Il ne signifie pas du tout que la première expertise a été bâclée. Il a lieu quelques jours plus tard, en présence de trois médecins, qui réexaminent le corps, et d'une spécialiste en anatomo-pathologie (l'analyse des prélèvements tissulaires et cellulaires des différents organes). L'« anapath » est le docteur Caroline Rambaud, médecin à l'hôpital Raymond-Poincaré de Garches. Son intervention a été réclamée par l'avocat de la famille Traoré, Yassine Bouzrou, qui a déclaré : « Si Adama Traoré avait une infection, cela ne peut être établi qu'à la suite d'analyses anatomo-pathologiques. » À ce stade, les proches d'Adama Traoré assurent aux médias que le jeune homme était en excellente santé. Ce ne sera pas du tout la conclusion de la deuxième expertise.

Le docteur Rambaud trouve chez Adama Traoré un « trait drépanocytaire », des « lésions d'allure infectieuse de type miliaire touchant les deux poumons et le foie » et une « cardiopathie hypertrophique ». En langage profane, Adama Traoré souffrait d'une maladie héréditaire, la drépanocytose, qui se traduit par une anomalie de l'hémoglobine, et qui touche beaucoup plus les personnes d'origine africaine que les personnes d'origine européenne. Les lésions miliaires (en forme de grain de mil) sont des petites taches sur les organes, qui peuvent avoir de nombreuses causes. Adama Traoré, enfin, avait un cœur très gros, ce qui n'est pas synonyme de bonne santé. L'hypertrophie du muscle cardiaque peut au contraire perturber son bon fonctionnement. « Ce type de pathologie est susceptible de donner lieu à une mort subite par le biais d'un trouble du rythme, détaille le docteur Rambaud dans son rapport, qui a fuité dans la presse. La survenue d'un trouble du rythme est favorisée par l'augmentation de travail du cœur, comme cela se voit dans les situations de stress ou encore d'exercice physique ou d'infection. Cette pathologie cardiaque est habituellement d'origine génétique et nécessite un dépistage cardiologique chez les proches. »

Le procureur Jannier s'exprime sur ces éléments le 26 juillet. Selon nos informations, il entend désamorcer les émeutes qui troublent le secteur de Beaumont-sur-Oise depuis plusieurs nuits. Son but est de rassurer, en avançant des éléments médicaux qui éclairent le dossier : le corps d'Adama Traoré ne porte aucune trace de mauvais traitement, son état de santé pourrait expliquer un arrêt cardiaque après un effort intense, sans violence des forces de l'ordre. Comme nous l'expliquera l'un des médecins légistes ayant eu accès au corps, « peut-être serait-il mort de toute façon le 19 juillet 2016, en jouant au foot avec des copains ».

C'est exactement ce qui arrive cinq jours plus tard, le 24 juillet 2016, au styliste camerounais Patou Manga. Ce dernier décède d'un arrêt cardiaque pendant un match amical à Paris. Seuls les médias spécialisés dans la mode en parleront. Âgé de trente-sept ans, il avait été footballeur professionnel avant de s'orienter vers la couture. Resté athlétique, il s'est néanmoins effondré sur le terrain. Malgré deux opérations réalisées en urgence à l'hôpital Necker de Paris, il est mort. Comme d'autres avant lui.

Selon une étude réalisée par l'Inserm et le Samu sur les morts subites de sportifs entre 2005 et 2010, la fréquence du phénomène serait de 1 000 cas par an en France (soit vingt par semaine)[1]. Les décès interviennent pendant un effort physique moyen ou intense, ou dans l'heure suivante. Le taux de mortalité en cas de crise est très élevé : 90 % à 95 % d'issue fatale. L'âge moyen des victimes est de quarante-six ans. Adama Traoré était beaucoup plus jeune (vingt-quatre ans), mais un arrêt cardiaque lié à l'effort n'a rien d'exceptionnel à cet âge. Pendant la pandémie de Covid-19, une vidéo conspirationniste va tenter de faire croire que le vaccin provoque des décès foudroyants de jeunes en excellente santé : elle montre des images de jeunes footballeurs ou basketteurs de différents pays s'effondrant sur le terrain sans raison apparente. Tous les extraits datent des semaines précédentes ! Ces morts, évidemment, n'ont aucun lien avec la vaccination. En faisant des recherches sur Internet, à n'importe quel moment de n'importe quelle année, il est possible de trouver des vidéos récentes de sportifs terrassés en plein effort.

La communication du procureur Jannier, hélas, rate totalement son but. Elle est dénoncée par la famille

1. Étude coordonnée par le Centre d'expertise mort subite (CEMS) de Paris, Inserm U970, hôpital européen Georges-Pompidou.

Traoré et ses avocats comme une tentative maladroite de dédouaner les gendarmes.

La justice, à ce moment précis, connaît un autre raté, d'ailleurs bénin. Il y a un dossier médical au nom d'Adama Traoré dans une association locale d'insertion du Val-d'Oise, réalisé par la médecine du travail en 2014 à l'occasion d'une mission effectuée par le jeune homme. Les enquêteurs n'ayant pas pensé à chercher de ce côté, il sera demandé par les juges seulement en 2021. Ce dossier est couvert par le secret médical, mais le témoignage d'une conseillère en insertion de Pôle emploi dans le Val-d'Oise donne peut-être une idée de ce qu'il contient. Elle explique aux enquêteurs, lors de son audition le 24 mars 2021, qu'elle a été frappée par le contraste entre l'allure athlétique du jeune homme, taillé comme un boxeur poids lourd, et son manque d'endurance : « Il y avait un décalage entre son physique et cette donnée d'essoufflement. » C'était l'encadrant d'une association d'insertion employant occasionnellement Adama Traoré qui lui avait signalé le problème. Adama avait été assigné aux travaux de déménagement, mais très vite il était « essoufflé, il avait des vertiges, il n'arrivait plus à monter et descendre les escaliers avec des meubles », raconte la conseillère. Il avait donc « été mis sur un chantier plus cool, le paysagisme »… Cette témoin souligne spontanément qu'elle n'a pas compris pourquoi les enquêteurs avaient attendu près de cinq ans pour l'entendre : « J'ai été surprise que la mission locale et l'association n'aient pas été contactées, car elles étaient souvent en lien avec Adama Traoré. Je pensais que je serais moi-même entendue plus tôt. » On peut parler d'un raté de l'enquête, mais un raté que maître Bouzrou n'exploitera, pour une fois. Il faut dire qu'il ne va pas dans le sens de sa théorie : Adama était un athlète en pleine forme, dont la mort a forcément été provoquée par des violences.

Troisième expertise…

Le 3 août 2016, des prélèvements sont réalisés sur le corps et expertisés. Le 10 août, sur la base des résultats des analyses, le procureur annonce qu'Adama Traoré avait fumé des joints le jour de sa mort : « présence de THC à une concentration sanguine élevée », le THC étant le principe actif du cannabis[1]. Dans l'intervalle, Adama Traoré a été inhumé au Mali, le 7 août. La famille a demandé une troisième autopsie, que la justice n'a pas ordonnée, pour des raisons éthiques et pratiques. Le corps n'était plus en état. À compter de ce jour,

1. Le cannabis est utilisé comme antalgique à des fins expérimentales, mais ses possibles effets néfastes sur le cœur sont très bien documentés.

personne n'a de certitude, mais un scénario plausible s'esquisse : un effort physique intense, cumulé à des pathologies préexistantes, à la canicule, à la fumette et au stress de la poursuite et de l'arrestation, a provoqué un arrêt cardiaque. Quelques questions restent en suspens (les secours sont-ils arrivés aussi vite qu'ils l'auraient dû ? Combien de temps Adama Traoré est-il resté dans la cour de la gendarmerie ?...), mais elles ne sont pas déterminantes. On peut donc s'attendre à ce que la période des expertises se termine. En réalité, le feuilleton commence à peine.

Quatrième expertise...

Alors qu'Adama Traoré repose en paix et que deux expertises complétées par une analyse de prélèvement sanguin n'ont suggéré aucune violence, le comité Adama commande un rapport à deux médecins, à ses frais, plusieurs mois après le décès. Les conclusions sont rendues publiques début juillet 2017. Les deux experts concluent que « la mort de M. Adama Traoré est secondaire à un état asphyxique aigu, lié à la décompensation – à l'occasion d'un effort et de stress ». « Cette contre-expertise médicale réalisée par un collège d'experts est très importante car elle écarte de façon définitive la thèse de l'ancien procureur de Pontoise », assène maître Bouzrou.

Selon lui, l'hypothèse de violences commises par les gendarmes serait validée.

Or, l'avocat a cité un extrait choisi du rapport médical ! En réalité, les experts disent que la décompensation et l'asphyxie sont liées à un « état antérieur plurifactoriel associant notamment une cardiomégalie et une granulomatose systémique de type sarcoïdose ». Au bout de vingt-quatre heures, le coup médiatique de la quatrième expertise retombe, les journalistes ayant pris le temps de lire le document et de se le faire expliquer. Dès le 5 juillet, un médecin de la Pitié-Salpêtrière, lui-même expert judiciaire, explique sur BFMTV qu'« une cardiomégalie modérée ne peut pas en soi conduire à la mort, mais peut être le symptôme d'une maladie cardiaque plus grave ».

Les experts missionnés par la famille ne parlent pas de mauvais traitement infligé par les gendarmes ? Yassine Bouzrou le fait à leur place : « Une des causes possibles de la mort, c'est le plaquage ventral des gendarmes qui contribue à une compression thoracique. » Cause possible, oui. Probable, pas vraiment. Prouvée, pas du tout.

Cinquième expertise…

Commandée par la justice, elle est révélée par *Le Monde* en octobre 2018. Quatre médecins penchent pour un décès provoqué par l'effort consécutif à la fuite du jeune homme, sur fond de « crise drépanocytaire aiguë avec syndrome thoracique ». Selon ces médecins, « son pronostic vital était déjà engagé » à son arrivée dans l'appartement. Le comité Adama voit s'éloigner brusquement la mise en examen des gendarmes.

Assa Traoré bascule alors définitivement dans le complotisme en déclarant : « Nous sommes dans un mensonge d'État, dans un mensonge de la part des experts. » Yassine Bouzrou monte au créneau. Selon lui, le rapport s'appuie sur des « éléments factuels faux » dans la mesure où rien ne permet d'attester que le jeune homme a produit un effort intense « pendant environ quinze minutes », ce qui revient à jouer sur les mots. Il y a seulement quatre cent soixante mètres par le chemin le plus court entre le point où Adama Traoré a commencé sa fuite et l'appartement où il l'a finie, tente de faire valoir l'avocat. Une distance bien trop courte pour un effort de quinze minutes ! C'est exact, à ceci près qu'Adama Traoré n'est pas allé au plus court. Il a fait au contraire de nombreux détours pour semer les gendarmes. Tous les témoignages décrivent une poursuite chaotique, dans la rue, dans un parc, à nouveau dans la rue, faite de sprints à vélo, puis à pied, puis de bagarre, puis de sprint, etc., avec des moments de pause permettant de prolonger l'intensité (un peu ce que les sportifs appellent « faire du fractionné »).

Combien de temps exactement a-t-il couru, marché ? Mystère. « Il n'est objectivement pas possible de calculer les temps des parcours empruntés par Adama Traoré le jour des faits », note un enquêteur dans un PV du 24 mai 2019.

Manifestement embarrassé par cette cinquième et décisive expertise, maître Bouzrou allume un contrefeu. Fin novembre 2018, il dépose une plainte devant le conseil départemental des médecins des Hauts-de-Seine contre l'anatomo-pathologiste Caroline Rambaud, celle-là même dont il avait réclamé l'intervention au moment du décès ! Le docteur Rambaud va d'ailleurs apprendre l'existence de la plainte par un journaliste du *Monde*, qui l'appelle pour la faire réagir, Yassine Bouzrou n'ayant pas jugé utile de l'informer, réservant la primeur de son annonce au quotidien. L'avocat reproche à l'experte d'avoir « commis des manquements déontologiques qui ont entravé la manifestation de la vérité » et laisse entendre qu'elle s'est pliée aux consignes du « procureur de la République de Pontoise pour pouvoir affirmer, dès juillet 2016, que M. Adama Traoré était mort du fait d'une maladie et ainsi pouvoir écarter toute responsabilité des gendarmes interpellateurs ». L'avocat demande la « radiation de cette médecin qui viole le serment d'Hippocrate et déshonore la profession de médecin ».

La commission de déontologie du conseil départemental de l'ordre, qui examine la plainte le 20 février 2019, ne retient rien contre Caroline Rambaud. La page Facebook du comité Vérité pour Adama, qui a annoncé la plainte et l'audience, ne dit pas un mot de son issue, ce qui fait que sa lecture, deux ans plus tard, laisse encore planer un soupçon totalement injustifié sur Caroline Rambaud.

Sixième expertise…

Maître Yassine Bouzrou fait réaliser, début 2019, une nouvelle contre-expertise par quatre médecins spécialisés dans les maladies dont Adama Traoré était affecté, le trait drépanocytaire et la sarcoïdose de type 2. Elle est rendue publique le 12 mars. Les médecins expliquent dans leur rapport que ces deux maladies, sous des formes asymptomatiques, ne peuvent pas avoir provoqué la mort du jeune homme (ce que leurs collègues n'ont jamais prétendu, évoquant un bouquet de causes). Ces médecins considèrent que « cela justifie de se poser la question de l'asphyxie positionnelle ou mécanique », comme si elle n'avait jamais été envisagée. Dans la bouche de Yassine Bouzrou, cela devient : il existe « une seule cause de la mort : les conditions d'interpellation » !

L'accueil des juges d'instruction chargés du dossier est frais. Ils estiment que cet avis « ne peut en aucun cas être considéré comme un rapport d'expertise ». Il n'a pas été ordonné par la justice et les médecins interrogés, respectables spécialistes de médecine interne officiant dans de grands hôpitaux parisiens, ne figurent pas sur les listes officielles d'experts. Peut-être pour montrer leur absence de parti pris, les juges demandent la réalisation d'une « expertise de synthèse »…

Selon certaines sources, en réalité, à cette époque, les juges d'instruction étaient tout près de classer l'affaire. En décembre 2018, ils avaient transmis les conclusions de leurs investigations au parquet, sans prononcer de mise en examen, écartant *de facto* la responsabilité des trois gendarmes dans le décès. Le sixième avis médical commandé en catastrophe par la famille visait à prolonger la partie.

Septième expertise…

L'expertise de synthèse est lancée en avril 2019. « Les juges d'instruction se sont enfin rendu compte que les experts qu'ils avaient désignés précédemment avaient effectué un travail médiocre », croit bon de lancer Yassine Bouzrou[1]. Peut-il vraiment ignorer que

1. AFP, 19 avril 2019. Dix jours plus tôt, sur France Info, Assa Traoré assurait avoir « tous les éléments pour une mise en examen des gendarmes

les nouveaux experts travailleront uniquement sur les observations réalisées par leurs prédécesseurs ? Si « travail médiocre » il y a eu (et personne en dehors de maître Bouzrou n'a prétendu que c'était le cas), il serait irrémédiable.

Le match des expertises bascule alors dans l'irréel. Le 29 mai 2020, au bout d'un an donc, un rapport est rendu public. Réalisé par trois experts, il fait sept pages seulement, mais il synthétise une dizaine de documents : une autopsie, une contre-autopsie, un compte rendu anatomo-pathologique, un rapport d'expertise anatomo-pathologique, un rapport d'expertise toxicologique, un examen neuropathologique, une expertise du dossier médical, un examen anatomo-pathologique, une expertise médico-légale de synthèse, une contre-expertise médico-légale et un rapport d'expertise médicale.

Le rapport est daté du 24 mars. Les juges ont donc attendu des semaines avant de communiquer, anticipant sans doute la colère du comité Adama. Les trois médecins, en effet, en reviennent à l'explication de juillet 2016, celle du bouquet de causes : une sarcoïdose pulmonaire, une cardiopathie hypertrophique, un trait drépanocytaire, « dans un contexte de stress intense »

---

et pour arriver à un procès », ce qui suggérait qu'une énième expertise était inutile…

et d'« effort physique », « sous concentration élevée » de cannabis, avec à la clé un « œdème cardiogénique » fatal.

Soixante-douze heures plus tard, la famille Traoré demande une « contre-expertise indépendante » !

Huitième expertise…

En juillet 2020, sur fond d'émotion mondiale provoquée par la mort filmée de l'Américain George Floyd sous le genou d'un policier au mois de mai précédent, la justice française, se pliant aux demandes de la famille, accepte de désigner de nouveaux experts. Qu'on va chercher en Belgique. Dans le but de dépassionner, officiellement. Il s'agit de trouver des spécialistes ayant moins entendu parler de l'affaire que les médecins français. Selon nos informations, il devient en réalité difficile de dénicher dans l'Hexagone des experts agréés prêts à jouer le nouvel acte de cette pièce trop longue. Le milieu de l'expertise n'est pas si grand, et les intéressés ont fini par se passer le mot : si les conclusions ne sont pas conformes aux attentes du comité Adama, il traînera sans hésiter les auteurs dans la boue.

Le 27 janvier 2021, les médecins belges rendent un avis confirmant ce que l'on sait depuis des années : Adama Traoré se trouvait dans une situation d'« hypoxie sérieuse » au moment de son arrestation. « Sans l'application de ces manœuvres de contrainte, écrivent-ils en parlant de l'arrestation, on peut penser que M. Traoré n'aurait pas présenté l'évolution dramatique constatée ensuite. » Juste après cet avis, les enquêteurs versent au dossier des éléments relatifs à la santé d'Adama Traoré, issus de la médecine du travail, récupérés auprès de l'association du Val-d'Oise pour laquelle le jeune homme avait fait une mission. Rien de ces éléments ne filtre, mais dans les onze mois qui suivent, les experts belges restent silencieux.

Neuvième expertise…

Sans attendre les conclusions définitives du collège d'experts belges, le comité Vérité pour Adama a mis de son côté au travail, fin 2020, une équipe de plusieurs personnes. Elles rendent, début mars 2021, leurs conclusions, enfin conformes aux vues du comité : « Le décès d'Adama Traoré est lié à un syndrome asphyxique traumatique mécanique par blocage de la respiration thoracique et abdominal dans les suites d'un plaquage ventral, aggravé par une hypoxémie d'effort. » Aucune de ces personnes n'est agréée comme experte auprès des tribunaux. Leur figure de proue est Michael M. Baden, célèbre légiste américain ayant autopsié George Floyd dans une contre-expertise réalisée à la demande de sa famille. « À mon avis, le décès de M. Traoré a été causé par une asphyxie positionnelle qui a entraîné un arrêt respiratoire – empêchant sa respiration – causé par la manière dont il a été retenu par les gendarmes », déclare-t-il.

Le recours à Michael M. Baden visait sans doute à capitaliser sur le retentissement de la mort de George Floyd, qui a ému l'opinion française. Les manifestations organisées partout en France début juin à la mémoire de l'Américain ont mobilisé des dizaines de milliers de sympathisants.

Dans les tout premiers jours, d'ailleurs, Michael M. Baden a beaucoup retenu l'attention des médias. Sa voix a porté, mais elle s'est considérablement affaiblie dès que les journalistes français ont compris qui il était en réalité. France Info le présente début mars 2021 comme « l'un des spécialistes en médecine légale les plus réputés des États-Unis », ce qui revient à confondre « réputé » et « connu ». Le docteur Baden est effectivement une star outre-Atlantique, parce qu'il intervient très souvent à la télévision. Il a même eu sa propre émission sur la chaîne HBO, « Autopsy ». Elle a été diffusée à partir de 1993, alors que Michael Baden, né en 1934, allait déjà sur ses soixante ans. Lorsque Yassine Bouzrou l'a sollicité à l'été 2020, il avait quatre-vingt-six ans. Depuis plus de vingt ans, il intervient sur Fox News, qui n'est pas la chaîne la plus sérieuse du PAF américain. Charmant et très pédagogue, il n'hésite pas à enjoliver son CV à l'occasion. Il a par exemple laissé dire pendant très longtemps qu'il avait autopsié John Fitzgerald Kennedy après son assassinat à Dallas en 1963, alors qu'en réalité il n'a jamais approché le corps, ayant seulement relu et expertisé *a posteriori* les conclusions des légistes (James Humes, J. Thornton Boswell et Pierre Finck). Il n'a pas davantage autopsié Martin Luther King, comme on le lit souvent. Et en ce qui concerne George Floyd, il a effectué une contre-expertise qui n'est pas celle que la justice américaine a retenue pour condamner le policier Derek Chauvin. Elle s'est en effet fondée sur une autopsie réalisée par le service médical des forces armées, qui concluait à un homicide consécutif aux manœuvres des policiers pour maîtriser George Floyd.

Dixième expertise

Novembre 2021, coup du sort, un des quatre médecins belges désignés plus d'un an plus tôt par la justice française décède. La justice décide de reprendre la procédure à zéro, de rendre une nouvelle ordonnance et de nommer un nouveau médecin belge pour remplacer le défunt auprès des trois autres experts, de nouveau désignés. En août 2022, le quatuor n'a toujours pas rendu sa copie. Mais on peut déjà en dire une chose : si celle-ci ne va pas dans le sens souhaité par le comité Adama, elle sera à coup sûr contestée.

Intermède

Diffamateur, diffamatrice, diffamation, diffamatoire, diffamer…

Le 1er juillet 2021, Assa Traoré a été relaxée en diffamation par le tribunal judiciaire de Paris. Elle était poursuivie par mon fils Romain et ses deux collègues gendarmes pour la lettre ouverte publiée sur Facebook deux ans auparavant, en juillet 2019, intitulée « J'accuse », en référence au célèbre article écrit par Émile Zola au moment de l'affaire Dreyfus. En toute modestie. Une tribune stupéfiante : « J'accuse les gendarmes Romain Fontaine, Arnaud Gonzales et Mathias Uhrin d'avoir tué mon frère Adama Traoré en l'écrasant avec le poids de leurs corps. J'accuse les gendarmes de ne pas avoir secouru mon frère Adama Traoré et de l'avoir maintenu menotté face contre le sol de la gendarmerie au lieu de le secourir. J'accuse les gendarmes d'avoir refusé de démenotter Adama Traoré en affirmant qu'il simulait alors qu'il était en train de mourir », etc.

Experts, procureur, juges, tout le monde en prenait pour son grade. Du complotisme pur et simple. Mais il se trouve que seuls les gendarmes avaient décidé d'aller en justice et que cette dernière leur a donné tort.

Je me suis demandé dans quel pays je vivais. Quelle langue je parlais. Si les mots n'ont pas le même sens pour tous, n'est-ce pas la porte ouverte à n'importe quoi ? Du coup j'ai tenté de voir si je connaissais réellement la signification du mot « diffamer ».

J'ai repris mon vieux *Larousse* de 2005 et lu ceci : « Diffamateur, trice, n. : Personne qui diffame. Adj. : Se dit d'un écrit, d'un journal qui diffame.

« Diffamation, n.f. : Action de diffamer : écrit ou parole diffamatoire. – DR. Imputation d'un fait précis qui est de nature à porter atteinte à l'honneur ou à la considération d'une personne ou d'un corps constitué.

« Diffamer, v.t. (lat. *diffamare*, de *fama*, renommée) : Porter atteinte à la réputation d'une personne ou d'un corps constitué, par des paroles ou des écrits non fondés, mensongers ; calomnier. »

Je ne suis pas magistrat, mais quand Assa Traoré cite les noms des gendarmes en les accusant d'avoir tué son frère, il y a bien là une atteinte à la réputation d'une personne par des écrits non fondés et mensongers, non ? En regardant un site juridique sur le Net, j'ai découvert qu'effectivement la justice se réservait le droit d'interpréter le terme « diffamation ». S'il s'agit d'une infraction pénale définie comme « l'allégation ou l'imputation d'un fait qui porte atteinte à l'honneur ou à la considération de la personne », les juges peuvent se réfugier derrière « l'exception de vérité et la bonne foi »... Le prévenu la prouve en établissant qu'il poursuivait, en diffusant les propos incriminés, un « but légitime, exclusif de toute animosité personnelle, qu'il a conservé dans l'expression une suffisante prudence et qu'il avait en sa possession des éléments lui permettant de s'exprimer comme il l'a fait ». Donc, si je comprends bien, les magistrats ont accordé à Assa Traoré le bénéfice de la « bonne foi », et considéré qu'elle agissait sans animosité aucune envers les gendarmes... À la limite, ils ont jugé qu'elle avait les éléments nécessaires pour prouver que les gendarmes avaient tué son frère. Bref, il y avait bien diffamation, mais finalement ça n'avait pas trop d'importance... Les « propos litigieux » étaient « d'intérêt général », puisqu'ils touchaient à la question du fonctionnement des institutions et des services publics. Mais moi, je ne comprends pas : il était demandé aux juges d'estimer s'il y avait eu diffamation, pas si les propos étaient d'intérêt général, non ?

Assa Traoré a donc, par cette sentence favorable, été reconnue comme une voix capable de rehausser le débat. Ce qui l'a sans doute confortée dans la certitude d'être intouchable et d'avoir tous les droits. Comme le disait son avocate Anna Branellec en commentant le jugement :

« Le tribunal a considéré qu'on ne pouvait pas mettre un frein à la liberté d'expression de Mme Traoré… »

Quant à ce que vivent les gendarmes, on s'en fiche.

Et si moi, je suggère qu'Assa Traoré pourrait être une menteuse et que tous les faits qu'elle avance sont des bobards, s'agit-il de diffamation ? Ou bien est-ce qu'à mon tour, en toute bonne foi, j'exprime une idée qui fera avancer le débat ?

Et si moi, je dis qu'Assa Traoré, le comité Adama ou maître Bouzrou affichent un réel manque de courtoisie, est-ce de la diffamation ? Ou bien est-ce qu'en toute bonne foi j'énonce une réalité ? Aucun n'a eu la courtoisie de répondre aux questions que nous avons posées, quand nous écrivions notre livre, afin de respecter les règles élémentaires du contradictoire. Le contradictoire est une méthode que l'on enseigne à tout bon journaliste lors de sa formation…

Et si moi, je dis que le discours d'Assa Traoré est dicté par des militants qui cherchent le buzz pour occuper le terrain et faire avancer leur propre lutte, laquelle n'a qu'un lointain rapport avec Adama Traoré, est-ce de la diffamation ? Ou bien est-ce qu'en toute bonne foi j'énonce une vérité qui fera avancer le débat ?

Et si moi, je dis que les people qui ont pris le parti d'Assa Traoré sont des rigolos, qui parlent sans réfléchir, sans connaître le dossier et réagissent en bobos de gauche bien-pensants, est-ce de la diffamation ? Ou bien est-ce qu'en toute bonne foi je dis une vérité qu'ils vont avoir du mal à accepter ?

Et si moi, je dis que les médias ont pris position pour Assa Traoré et ont fabriqué de toutes pièces ce qu'ils appellent une « icône », est-ce de la diffamation ? Ou bien est-ce qu'en toute bonne foi j'exprime un fait réel ?

Ai-je le droit, en toute bonne foi, d'exprimer ma colère, ma souffrance et celle des miens, ou est-ce de la diffamation ? Ai-je le droit de m'exprimer librement ? Au moment où j'écris ces lignes, je me demande si Assa Traoré et ses avocats tireront les conséquences du jugement de juillet 2021. Totale liberté d'expression pour *tous* ! Je l'espère, car j'estime que mes propos ne sont pas litigieux mais d'intérêt général, puisqu'ils apportent un éclairage différent sur les faits qui se sont produits en 2016 à Beaumont-sur-Oise.

9

Justice nulle part, manipulation partout

J'ai lu que l'ex-avocat général Philippe Bilger, qui avait affronté l'avocat Yassine Bouzrou lors du procès du gang des barbares, le considérait comme l'un des meilleurs pénalistes de sa génération. Pour ma part, je suis certaine que c'est un homme à sang froid et un excellent communicant. À peine sorti du bureau des juges, il est devant les journalistes et leur donne sa version, rendant inaudible celle des autres avocats. Dès lors, il est redoutable, et bien plus qu'Assa Traoré. Si l'affaire traîne depuis si longtemps, c'est à cause de ce procédurier astucieux. Ou grâce à lui, si on regarde les choses du point de vue du comité Adama.

Il n'était pas l'avocat initialement choisi par la famille Traoré. Dans les tout premiers jours, celle-ci était représentée par maître Frédéric Zajac, inscrit au barreau de Pontoise. Il se tient aux côtés des proches du défunt lors des premières conférences de presse, à l'été 2016.

À l'époque, maître Zajac se félicite d'« avoir une juge d'instruction pro et compétente ». Et lorsqu'il demande une seconde autopsie, il précise bien que ce n'est « pas pour contester la première autopsie, mais pour qu'on sache tout, qu'on arrête les fantasmes de part et d'autre ». Si seulement il avait été entendu ! Très vite, hélas pour nous, maître Zajac va être remplacé par Yassine Bouzrou. Ce dernier apparaît très rapidement après le drame, prend le dossier en main, et va largement contribuer à diffuser l'idée que les gendarmes ont tué Adama Traoré. Systématiquement, comme l'instruction ne se dirige pas dans la direction qui lui convient, Yassine Bouzrou tente de discréditer les acteurs du dossier qui ne disent pas ce qu'il a envie d'entendre, quitte à s'écarter, à mes yeux, dangereusement de la vérité. Trouver des vices de procédure pour faire libérer ses clients est le travail d'un avocat, même quand il défend des voyous. Je ne peux lui reprocher cela. En revanche, je me sens autorisée à dire que maître Bouzrou travestit ou déforme allègrement la vérité, en connaissance de cause, dans un sens évidemment favorable à ses clients… En cela, il travaille d'ailleurs bien. Par exemple, mais il y en a d'autres, dans un extrait d'audition (qui a fuité dans plusieurs médias), un gendarme explique que la patrouille a tenté de maîtriser Adama Traoré « avec la force strictement nécessaire à son immobilisation ». Rapporté par Yassine Bouzrou, cela devient : « Nous avons un individu seul face à trois personnes qui reconnaissent avoir fait usage de la force[1]. » Les mots « strictement nécessaire » n'ont donc aucun intérêt ? Ce sont eux pourtant dont l'absence change totalement le sens de la phrase ! Or, Yassine Bouzrou semble avoir déjà son idée : faire croire que la cause de la mort est une compression thoracique… Dans ce but, il répand partout la légende des deux cent cinquante kilos qu'Adama Traoré aurait pris sur la cage thoracique. Et cela, cinq jours seulement après le décès. L'avocat fait ainsi mine de se demander si « la mort de la victime ne résulterait pas, par exemple, d'une compression thoracique, méthode habituellement utilisée au cours de certaines interpellations, dont on sait qu'elle peut être mortelle ». Pour lui, les déclarations des gendarmes « laissent clairement entendre qu'Adama Traoré n'a certes pas été battu, mais écrasé par le poids de ces trois personnes réunies ». Quelques jours plus tard, il se montre encore plus catégorique : « Les gendarmes ont clairement indiqué qu'ils ont mis tout leur poids sur la victime. Il y avait donc environ deux cent cinquante kilogrammes sur son corps. Il a été écrasé. »

Vite, un procès, il y a eu meurtre ! Sauf que, si on lit correctement les éléments des dépositions des gendarmes, l'un d'entre eux dit : « J'immobilisais la jambe gauche et contrôlais sa jambe droite avec le pied, j'étais

1. Konbini, 30 juillet 2016.

sur ses jambes. Mes deux collègues contrôlaient chacun un bras. En aucun cas il n'y a eu de grosse pression sur la personne. » De mon côté, j'apprendrai cela en lisant *Mediapart*. Mais maître Yassine Bouzrou, lui, n'a pas besoin des journaux puisqu'il peut consulter les dépositions en intégralité. Il sait donc bien que nulle part il n'est écrit qu'Adama Traoré a pris deux cent cinquante kilos sur le thorax. L'important est que les personnes persuadées qu'il y a bavure continuent à le croire. Il lui faut renforcer cette idée coûte que coûte.

Le plus incroyable, à mes yeux, c'est que cela ait marché. Les médias ont repris la thèse de l'écrasement sous deux cent cinquante kilos, même en disposant des éléments qui disaient le contraire.

Yassine Bouzrou a aussi pris pour cible le procureur de Pontoise, Yves Jannier. Je ne l'ai jamais rencontré, j'ignore s'il est ou non un bon magistrat. Ce que je sais en revanche, c'est qu'il est très vite devenu un obstacle à éliminer aux yeux de maître Bouzrou. Et que ce dernier est arrivé à ses fins, bien aidé, il est vrai, par une maladresse d'Yves Jannier lui-même. Le 21 juillet, deux jours donc après le décès, alors que Beaumont connaît des nuits d'émeutes, le procureur déclare en effet à la presse qu'Adama Traoré « avait une infection très grave », « touchant plusieurs organes », ce qui pourrait expliquer pourquoi son cœur a cessé de battre. Les rapports des légistes figurent dans le dossier de l'enquête et sont couverts par le secret de l'instruction. Ils ne peuvent pas être consultés librement par des journalistes. Le procureur est le seul magistrat habilité à en parler. Mais les avocats des parties civiles, eux, y ont accès.

Or, dans la première autopsie, le médecin légiste ne disait pas exactement qu'il y avait une infection. Il écrivait : « Nous apercevons des lésions d'allure infectieuse », ce qui n'est pas tout à fait la même chose. Yassine Bouzrou va exploiter la faille avec beaucoup d'astuce. Interrogée par *Libération*, Mariannick Le Gueut, professeure de médecine légale à l'université de Rennes-I, expliquait ainsi la nuance : « Le fait que le médecin utilise le mot "allure" indique qu'il n'a pas assez d'éléments pour affirmer qu'il y a réellement une infection. Pour confirmer ou infirmer ce constat, il faut procéder à un examen microscopique. » En parlant d'« infection grave » avant l'exécution d'examens supplémentaires, le procureur de Pontoise est donc allé trop vite. Peut-être espérait-il, ainsi qu'on l'a indiqué plus haut, apaiser les émeutiers en parlant de mort sans violence des forces de l'ordre.

Je veux bien admettre qu'un avocat comme Yassine Bouzrou soit dans son rôle en dénonçant ce genre d'approximation et qu'Yves Jannier ait commis une erreur. En revanche, quatre jours plus tard, dans *L'Obs*, l'avocat va tellement loin que je ne comprends pas comment on peut le prendre au sérieux. « Vous avez déjà traité de nombreux dossiers qui impliquent les forces de l'ordre, quelles conclusions tirez-vous de ces expériences ? » lui demande la journaliste. Et maître Bouzrou de répondre : « Je me pose seulement des questions. Étant donné que les procureurs ne sont pas des magistrats indépendants, nous pouvons légitimement nous demander si ce sont des interventions du pouvoir exécutif qui les poussent à agir de la sorte. [...] La communication et les premiers actes d'enquête réalisés sous la direction du procureur de la République de Pontoise, Yves Jannier, ont été catastrophiques. » Que comprend le lecteur lambda ? Que les procureurs sont à la botte du pouvoir et Yves Jannier d'une nullité gravissime ! Le problème, que je vois très clairement simplement en lisant la presse, est que Yassine Bouzrou fait exactement ce qu'il reproche au procureur. Lui aussi va beaucoup trop vite en besogne, et fait dire aux experts des choses qu'ils n'ont pas dites. Dans le même article de *L'Obs*, il assure que deux autopsies complètes « tendent toutes les deux vers une mort par asphyxie ». Première nouvelle ! Pas la peine d'attendre des examens complémentaires, ils « n'auront aucune incidence sur l'asphyxie », « la cause principale du décès ne changera pas, quels que soient leurs résultats », etc. Décidément, il faut mettre en examen les gendarmes et aller au procès le plus vite possible.

Le 11 août, Yves Jannier aggrave son cas, aux yeux de maître Bouzrou, en annonçant que la victime avait consommé du cannabis « moins de douze heures avant le décès », probablement « une à deux heures avant ». Cette fois, difficile de nier l'évidence, Yves Jannier dit la stricte vérité. Qu'à cela ne tienne, l'avocat de la famille tente de le discréditer en le renvoyant à son erreur initiale : « La dernière fois que le procureur a communiqué sur une expertise, il a donné de fausses informations. » Sur ce dernier point, maître Bouzrou devrait pourtant aussi balayer devant sa porte : plus d'une fois il a induit la presse en erreur.

Un autre aspect de son travail me sidère : la manière dont il ralentit l'instruction en multipliant les procédures, tout en tonnant que la justice n'avance pas ! Le 6 août 2016, il porte plainte contre une policière pour faux en écritures publiques aggravés, dénonciation calomnieuse et modification de scène de crime. La policière en question a écrit un procès-verbal où elle affirme qu'Adama Traoré aurait commis des violences à l'égard d'un gendarme. L'avocat fait mine de s'indigner : comment ose-t-on accuser le défunt de violence, alors que les gendarmes assurent l'avoir maîtrisé en un clin d'œil et sans difficulté ? Oh, le joli mensonge… Mais un mensonge de maître Bouzrou, pas de la policière. Il y avait deux équipes de trois gendarmes impliquées dans l'interpellation. Adama Traoré a bien commis des violences à l'égard d'un gendarme de la première équipe, et maître Bouzrou le sait, s'il a lu le dossier. S'acharnant contre cette policière, l'avocat l'accuse d'avoir « pris l'initiative d'isoler les militaires du peloton de surveillance et d'intervention de la gendarmerie » ayant participé à l'interpellation d'Adama Traoré. Mais qu'aurait dit la famille Traoré si l'on avait laissé les six gendarmes ensemble le temps de trouver le magistrat de permanence au parquet de Pontoise ? Elle aurait sans doute accusé les policiers de vouloir protéger les gendarmes, en leur permettant de préparer leurs dépositions pour se mettre d'accord sur la manière de répondre aux interrogatoires et dissimuler leur « bavure ».

Maître Bouzrou laisse également entendre que l'enquêtrice a dissimulé une pièce à conviction : le polo d'un gendarme, taché de sang, censé prouver qu'Adama Traoré avait été frappé avec violence. « Nous réfléchissons et n'excluons pas de déposer une plainte pour dissimulation de preuves », menace-t-il. Il ne le fera pas. On apprendra ensuite que ce polo a été mis immédiatement sous scellé et envoyé au laboratoire pour recherche d'ADN. Et que le sang dont il était maculé n'était pas celui d'Adama Traoré, mais de cet homme venu au secours de ce dernier, aux prises avec un gendarme, à un moment dans sa fuite. À vrai dire, il ne savait pas qu'Adama Traoré était en train de se faire interpeller : il avait simplement vu deux hommes se bagarrer dans la rue, dont l'un était de ses amis. Yassine Bouzrou, décidément inépuisable, accuse la justice de tarder à rechercher ce témoin clé, qui va finalement réapparaître au bout de cinq ans d'enquête. Quand les enquêteurs l'interrogent, ils découvrent que la famille Traoré savait depuis toutes ces années où le trouver, que lui-même était venu les voir dès les premiers jours, qu'il ne s'était pas présenté aux gendarmes, préférant les éviter car ayant déjà eu un peu trop affaire à eux en raison de broutilles. Peut-être la famille Traoré a-t-elle oublié de le rapporter à son avocat ? Ou peut-être s'agit-il d'une stratégie judiciaire visant à faire feu de tout bois pour accuser la justice de traîner, voire d'étouffer la vérité ?

Le 11 juin 2020, maître Bouzrou organise dans la presse une de ces fuites dont il est coutumier et c'est ainsi que paraît dans *Le Parisien* un courrier qu'il vient d'adresser au juge, où il demande que des « investigations soient réalisées puisque ce témoignage est particulièrement important pour comprendre les circonstances de la première interpellation d'Adama Traoré, survenue quelques minutes avant la seconde qui a causé sa mort ». « Aucune investigation n'a été réalisée, fait-il mine de s'indigner. Comment expliquer que l'Inspection générale de la gendarmerie nationale n'ait pas réussi en quatre ans à identifier un témoin central de l'affaire malgré les nombreuses caméras de surveillance de la ville et malgré les éléments d'identification dont disposent les enquêteurs ? » s'interroge-t-il, avant d'en venir là où il veut vraiment arriver : obtenir le dessaisissement de l'Inspection générale de la gendarmerie nationale, qui a failli, au profit d'un autre service, dépendant de la police judiciaire !

Le dépaysement de l'affaire, demandé en octobre 2016, prétendument pour « lever les soupçons persistant sur la conduite de l'enquête », s'apparentait au même type de manœuvre visant non à faire avancer l'enquête, mais à la ralentir, tout en accusant les enquêteurs de traîner en chemin. Concrètement, le transfert du tribunal de Pontoise au tribunal de Paris signifiait qu'un nouveau magistrat instructeur devait reprendre toute l'instruction depuis le début. C'est ainsi qu'en décembre 2016, trois juges d'instruction ont été désignés à Paris. On avait perdu sept mois. En l'apprenant, je me suis dit : « On lira un jour que la justice ne fait pas son travail, qu'elle traîne exprès pour protéger on ne sait qui… » Et un jour, effectivement, c'est ce que j'ai lu.

En consultant différents articles sur Yassine Bouzrou, j'ai constaté qu'il employait souvent la même méthode : dire avec virulence qu'on criminalise la victime, affirmer ensuite que les juges sont incompétents, puis exiger le dépaysement du dossier. Il l'a demandé dans l'affaire Benalla, dans laquelle il défendait un syndicat policier. Il l'a réclamé dans l'instruction sur le décès d'un jeune homme, Ibrahima Bah, mort lors d'un contrôle de police à Villiers-le-Bel en 2019. Il l'a voulu dans l'affaire

Zineb Redouane, cette dame âgée décédée lors d'une manifestation de Gilets jaunes à Marseille, alors qu'elle se trouvait à son balcon. À chaque fois, le même refrain : les juges manquent d'impartialité, il faut leur retirer le dossier. Et il obtient satisfaction, pour des raisons qui m'échappent.

C'est seulement le 27 novembre 2018 que mon fils et ses deux collègues gendarmes ont été entendus pour la première fois par la juge d'instruction. Tous les trois ont été placés sous le statut de témoins assistés, « en l'absence d'indices graves ou concordants de nature à justifier leur mise en examen au titre de l'infraction de non-assistance à personne en péril », a souligné leur avocat, Rodolphe Bosselut. Peu de temps après, en mars 2019, la juge envisageait de rendre un non-lieu. Romain l'a appris, mais après maître Bouzrou. Qui s'est démené pour rendre une telle décision difficile, a demandé que les trois gendarmes soient de nouveau entendus avec l'espoir qu'ils soient mis en examen, en faisant savoir qu'il estimait « incomplets » leurs interrogatoires initiaux. Les questions des juges « ne reviennent que timidement » sur l'hypothèse d'un décès par asphyxie, a-t-il osé !

Je ne sais pas ce qu'on appelle un « excellent pénaliste ». Est-ce un professionnel capable d'utiliser toutes les astuces de procédure pour retarder le moment où une vérité défavorable à son client apparaîtra au grand jour ? Mais jusqu'où irait-il pour atteindre ce but ? Jusqu'à travestir la vérité ? Le témoin de l'appartement où Adama Traoré avait trouvé refuge à la toute fin de sa fuite a raconté aux enquêteurs que le jeune homme était très essoufflé quand il l'avait trouvé assis contre sa porte, menotté. « La seule chose qu'il me dit, c'est : "Tire-moi." Je ne l'ai jamais vu dans un état pareil. Il n'arrivait pas à parler. Il respirait bruyamment. » Depuis il n'est jamais revenu sur ces déclarations ; qui n'arrangeaient pas le comité Adama puisqu'elles accréditaient la théorie du malaise. C'est sans doute pour cette raison que le témoin a été pressé de revenir sur ses propos. « Le dossier fait état de nombreuses pressions et menaces de la part de la famille Traoré sur ce témoin, qui s'en est plaint à neuf reprises[1]. »

Interprétée par maître Yassine Bouzrou, l'histoire devient méconnaissable. À en croire l'avocat, le témoin « refuse désormais de témoigner sous serment devant un juge d'instruction car ses propos étaient mensongers et probablement commandés ». Et maître Bouzrou précise avoir des éléments laissant « penser qu'il fait l'objet de pressions de la part des gendarmes » ! Quels éléments ?

1. « Une nouvelle expertise exonère les gendarmes de la mort d'Adama Traoré », *Le Monde*, 29 mai 2020.

Mystère. L'avocat ne les a jamais fournis ou les médias ne s'en sont jamais fait l'écho. Peut-être parce que ces éléments n'existent pas ? Rodolphe Bosselut n'est pas allé jusqu'à traiter son collègue de menteur, mais il a qualifié ces accusations de « vaste blague ».

Et puis il y a eu la théorie de la vengeance.

En juin 2020, je découvre que Yassine Bouzrou « s'interroge sur l'existence d'un passif entre le jeune homme de vingt-quatre ans [Adama Traoré] et un des trois gendarmes ayant procédé à son interpellation »… Dans un courrier aux juges, il demande donc que soient jointes à l'enquête les procédures dans lesquelles les trois gendarmes ont eu affaire à Adama Traoré avant le 19 juillet 2016. « L'étude des relations passées entre M. Traoré et les gendarmes interpellateurs est utile pour comprendre le contexte de l'interpellation ainsi que l'état d'esprit dans lequel [ils se trouvaient] », écrit-il. Maître Bouzrou avance la possibilité d'une « vengeance » envers le jeune homme et estime que « cette hypothèse doit être envisagée par la justice ».

Une vengeance ? Je suis sidérée. Interloquée. Choquée aussi. D'autant qu'une fois encore, trop de journalistes reprennent sans le moindre esprit critique les déclarations de l'avocat, telles quelles, sans se souvenir de ce qu'ils ont écrit quelques mois plus tôt… Amnésie qui me devient insupportable.

Par quel tour de passe-passe les trois gendarmes se voient-ils accuser d'avoir prémédité la mort d'Adama Traoré ? Je comprends l'idée générale, qui est de continuer à faire croire que c'est à cause de la couleur de sa peau qu'Adama Traoré a été poursuivi ; que, comme le répètent inlassablement les membres du comité Adama, des jeunes Arabes et Noirs des cités sont traqués et tués par la police, parce que Noirs et Arabes. Une accusation très grave totalement farfelue : il suffit de reprendre le déroulement des faits pour s'en apercevoir. Il y avait deux équipes de gendarmes ce jour-là. Romain dirigeait la seconde équipe. Quand les trois premiers gendarmes ont demandé du renfort, c'était pour rechercher un individu en fuite, « de type africain, costaud, menotté », qui avait échappé à une tentative d'interpellation. Voilà les seules informations que l'autre équipe a reçues. Les membres de la première patrouille n'ont pas donné le nom d'Adama Traoré, sans doute parce qu'ils ne le connaissaient pas.

En résumant toute l'affaire à trois gendarmes, en parlant d'une patrouille alors qu'il y en avait deux, en attribuant les propos du premier sous-officier à celui de la seconde équipe, il est évidemment plus facile de berner les gens. Maître Bouzrou, du reste, ne demandera jamais aux magistrats d'entendre les trois gendarmes de la première équipe, conscient que leur récit n'arrangera pas ses affaires. L'avocate qui représente ces trois hommes, maître Cathy Richard, est claire : « Un avis de recherche a été émis dans une affaire d'extorsion de fonds, l'équipage dispose d'un signalement. Il se trouve que les gendarmes voient deux hommes y correspondant. Ils décident de les contrôler. Immédiatement, l'un d'eux prend la fuite. On saura après qu'il s'agit d'Adama Traoré. » Rattrapé, Adama « fait mine d'obtempérer et de sortir ses papiers. C'est à ce moment-là qu'il bouscule le gendarme et reprend la fuite ». Il est encore arrêté, il s'enfuit une dernière fois, avec l'aide d'un inconnu. « Nous sommes dans le cadre d'une évasion, conclut maître Richard, la mission de mes clients s'arrête là. » Ce récit ne sera jamais remis en cause. Il implique, à l'évidence, que Romain et la seconde équipe ne savaient pas qui ils cherchaient et que, *surtout*, ils n'étaient pas à l'origine des deux premières tentatives d'arrestation… Alors arriver à dire qu'ils auraient prémédité un meurtre, c'est très, très fort !

J'ai eu l'impression, quand cette histoire est sortie, que le « meilleur pénaliste de sa génération » tirait sa dernière cartouche pour encore ralentir le dossier. Elle a fait long feu. En réalité, dès juillet 2016, cette théorie avait été évoquée par maître Zajac. Assa Traoré, quant à elle, avait lancé que son frère faisait l'objet d'un « acharnement policier depuis plusieurs années ». Juste après le décès, elle avait assuré que son autre frère, Bagui, et sa copine, pendant leur garde à vue, avaient vu Adama

« se faire frapper à la tête. Ça fait longtemps qu'ils sont après Adama et ils l'ont eu » – elle aurait voulu souffler sur les braises de l'émeute qui couvait, elle ne s'y serait pas prise autrement. La famille avait demandé l'étude de tous les dossiers de la gendarmerie impliquant Adama Traoré, « dans le but de vérifier l'identité des gendarmes impliqués et pour voir si certains noms ne reviennent pas régulièrement ». Cette requête n'avait débouché sur rien, mais Assa Traoré ne voulait pas en démordre. « Les gendarmes ne sont pas venus trouver Adama comme ça », expliquait-elle encore un an plus tard, assurant que ceux-ci avaient attaqué « armés comme dans une zone de guerre, cagoulés, casqués ». Or, ceux qui avaient arrêté ses deux frères le 24 juillet 2016 étaient en civil, ce qu'elle savait depuis le début.

Assa Traoré ne vivait plus dans le Val-d'Oise depuis des années quand son demi-frère est mort, on l'a vu. Il avait peut-être raconté à ses proches que les gendarmes s'acharnaient sur lui pour expliquer ses ennuis récurrents avec la justice. Une explication pour se dédouaner, et plus facile à invoquer que d'avouer qu'il était un délinquant trempant dans divers trafics.

Gagner du temps tout en faisant croire qu'ils étaient victimes des lenteurs de la justice, voilà la grande victoire de maître Bouzrou et de la famille Traoré. En déformant les faits, en décrédibilisant les personnes en charge de l'affaire, en manipulant les médias à coups de fuites sélectives, ils ont retardé la manifestation de la vérité tout en dénonçant un prétendu complot visant à étouffer celle-ci. Sincèrement, je dois reconnaître qu'ils sont très forts. Sans le travail incessant des militants pour la faire exister médiatiquement, l'affaire Adama serait terminée depuis longtemps. Sur ce point précis, je suis d'accord avec le comité Adama : seul son activisme maintient le dossier ouvert. En revanche, s'ils pensent que le non-lieu serait honteux, je pense quant à moi que ce sont leurs manœuvres pour rendre cette enquête interminable qui le sont.

Intermède

Les questions auxquelles maître Bouzrou n'a pas souhaité répondre

Il est inhabituel, dans une enquête, de publier les questions posées aux sources, l'idée étant plutôt de reproduire leurs réponses. Le problème, déjà évoqué, est que ni le comité Adama ni son avocat Yassine Bouzrou n'ont voulu en fournir. Ce n'était pas faute de temps à accorder à un journaliste : maître Bouzrou a reçu ces questions le 6 décembre 2021 et le 31 mars 2022 ; au moment du deuxième envoi, il était en période de promotion pour son propre livre et acceptait de nombreuses sollicitations des médias… Voici ces questions.

- Vos clients ont beaucoup parlé de racisme policier. Plusieurs sources me disent qu'au moins deux des six gendarmes du Psig qui sont intervenus dans l'interpellation étaient d'origine antillaise ou africaine. Êtes-vous en mesure de confirmer ce point, et, si c'est le cas, vos clients sont-ils informés de ce détail, qui n'a aucune importance quant au fond de l'affaire, mais qui en revêt au contraire une grande en matière de traitement médiatique ?

- Vous avez répété plusieurs fois qu'Adama Traoré serait décédé d'une « compression thoracique, méthode habituellement utilisée au cours de certaines interpellations, dont on sait qu'elle peut être mortelle ». Voici un extrait du compte rendu d'audition du chef du bureau de la formation de la gendarmerie nationale, le 4 mars 2020, devant une commission d'information parlementaire étudiant l'« interdiction des techniques d'immobilisation létales : le décubitus ventral et le pliage ventral » : « Le colonel Laurent de la Follye de Joux, chef du bureau de la formation de la gendarmerie nationale, nous a déclaré que "ni le décubitus ventral ni le pliage ventral ne sont enseignés ni appliqués dans la gendarmerie", où "l'objectif est d'utiliser les techniques les moins traumatisantes pour l'interpellé et pour le gendarme". Le mémento d'intervention professionnelle de la gendarmerie illustre, par exemple en page 124, l'immobilisation au sol avec un contrôle par l'épaule réactif, avec la mention en rouge : "Cette technique d'immobilisation se réalise sans exercer de pression thoracique." Si c'est dans le cadre d'une intervention de la gendarmerie qu'est mort Adama Traoré, c'est le seul cas impliquant des gendarmes parmi tous ceux que nous avons évoqués. La gendarmerie a une doctrine claire, et la pratique des gendarmes l'est donc bien davantage que celle de la police. La réponse apportée par les représentants de la gendarmerie nationale à la question posée par votre rapporteur : "Que changerait pour vous l'adoption de la proposition de loi ?" a été limpide : "Rien, absolument rien." »

Qu'en pensez-vous ? Faut-il imaginer que les gendarmes impliqués dans l'interpellation d'Adama Traoré ont menti à leur hiérarchie ? C'est une hypothèse à envisager, mais vous semble-t-elle réaliste ? Il faut imaginer que trois gendarmes (interrogés séparément) se soient mis d'accord pour mentir, puis qu'ils tiennent pendant des années un discours cohérent. Ou alors faut-il conclure que les gendarmes qui ont interpellé Adama Traoré ne maîtrisaient pas leur sujet ? Maître Bosselut, leur avocat, m'a dit que leur chef d'équipe, Romain F., est instructeur, ce que j'ai pu vérifier.

- La famille Traoré a plusieurs fois évoqué des coups violents dont aurait été victime Adama, juste après le décès, qui pourraient l'avoir causé. Elle n'est jamais revenue explicitement sur ces déclarations : pouvez-vous me confirmer que cette hypothèse est abandonnée du côté de la famille de la victime ?

- Vous avez vous-même évoqué une possible vengeance des gendarmes. Extrait dépêche AFP de 2020 : « “L'étude des relations passées entre M. Traoré et les gendarmes interpellateurs est utile pour comprendre le contexte de l'interpellation ainsi que l'état d'esprit dans lequel ils se trouvaient”, écrit […] maître Bouzrou [qui] avance la possibilité d'une “vengeance” envers le jeune homme et estime que “cette hypothèse doit être envisagée par la justice”. » De mon côté, je ne trouve rigoureusement rien qui puisse étayer cette hypothèse. Vous semble-t-elle aujourd'hui crédible ?

- Le recours à l'expertise de l'Américain Michael Baden vous semble-t-il judicieux, rétrospectivement ? En dehors du fait qu'il a été associé à l'autopsie de George Floyd, qu'est-ce qui a motivé ce choix d'un médecin controversé (voir sa page Wikipédia en anglais pour plus de précisions), âgé de quatre-vingt-six ans et ne parlant pas le français ?

- Vous avez souvent dénoncé la lenteur de la justice dans cette affaire, mais n'est-ce pas la demande répétée d'expertises complémentaires ou de démarches complémentaires venant du comité Adama qui retarde un classement du dossier qui semble désormais fort probable ? Quatre ans et demi d'instruction sans mise en examen : quel élément supplémentaire vous semble aujourd'hui imaginable, pouvant déboucher sur une mise en examen, ce qui serait une chose, puis sur un procès, ce qui en serait une autre, voire une condamnation, ce qui en serait une troisième ?

- Vous avez déclaré le 4 août 2016 : « Si l'enquête démontre qu'il y a absence totale d'infraction pénale dans le dossier, la famille acceptera la décision. » Est-ce toujours la position de la famille ? Dans l'intervalle, vos clients ont multiplié les déclarations visant à dénoncer un racisme systémique, ce qui fait peser de graves soupçons sur l'indépendance de la justice. Accepteront-ils un non-lieu, si non-lieu il y a ? Considèrent-ils aujourd'hui comme satisfaisant le fonctionnement de l'instruction ? S'ils pensent qu'elle est biaisée d'une manière ou d'une autre, peuvent-ils me donner des précisions sur les éléments qui les conduisent à douter de la justice ? Par hypothèse, un éventuel classement du dossier ne peut pas être une raison de douter de la justice, sauf à considérer que les gendarmes sont forcément coupables…

10

2020, le vent tourne

Au printemps 2020, l'affaire Traoré a semblé franchir une sorte de ligne de partage des eaux médiatiques. Jusque-là, les prises de position des people descendaient toutes vers l'océan de contre-vérités du comité Adama. Celui-ci semblait au sommet, gonflé à bloc par l'affaire George Floyd, étouffé sous le genou du policier blanc Derek Chauvin qui lui avait écrasé le cou pendant neuf interminables minutes alors que l'homme à terre disait à plusieurs reprises : « Je ne peux pas respirer ! » (*I can't breathe !*) Le tout sous l'objectif de plusieurs passants, qui immortalisaient la scène avec leur téléphone portable. C'était la bavure policière à l'état pur, teintée d'un fort soupçon de préjugés raciaux – en juin 2021, Derek Chauvin a écopé de vingt-deux ans et demi de prison pour ce comportement criminel. L'émotion fut mondiale. La grande marche organisée à Paris le 2 juin 2020 avait rassemblé plus de 20 000 personnes, en plein confinement. Le comité Adama avait réussi à récupérer l'événement, amalgamant la mort de George Floyd et le fait divers du 19 juillet 2016.

Assa Traoré semblait alors inarrêtable. « J'ai des éléments qui prouvent que la juge a subi des pressions pour exonérer et couvrir les gendarmes », lâchait-elle même face à Jean-Jacques Bourdin, sur RMC, le 3 juin. Une déclaration gravissime, qui n'a eu aucune suite. Si les éléments en question existent, Assa Traoré ne les a jamais produits.

Surfant sur la vague George Floyd, elle semblait bénéficier à ce moment-là d'un crédit médiatique illimité. Pourtant, avec un peu d'attention, on pouvait remarquer quelque chose d'important : beaucoup de commentateurs, y compris ceux bien disposés envers le comité Vérité pour Adama, soulignaient que les deux décès n'avaient pas grand-chose en commun, en dehors de la couleur de peau de la victime. Certains allaient jusqu'à rappeler que les manifestants du 9 juin étaient descendus dans la rue pour George Floyd, non pour Adama Traoré. C'était une évidence : on passait brusquement des 200 manifestants habituels, 2 000 au mieux, à plus de 20 000.

En résumé, Assa Traoré n'avait jamais été autant exposée, dans les deux sens du terme. Elle était visible, mais aussi fragilisée. C'est sans doute la raison pour laquelle elle a complètement raté son passage sur le plateau de « Quotidien », l'émission de Yann Barthès, le soir du 9 juin. Alors que la bienveillance de l'équipe lui était acquise, elle a réfrigéré l'ambiance en tentant de donner des leçons de journalisme à une chroniqueuse qui avait relevé une de ses nombreuses approximations. Un désastre en direct, devant deux millions de téléspectateurs. Difficile de savoir ce qu'il se passe dans la tête d'Assa Traoré, mais il est clair que, pendant quatre ans, cette jeune femme avait été très peu contredite. Les dizaines d'interviews qu'elle avait données étaient toujours réalisées par des journalistes hyper-complaisants, pour la simple raison qu'elle refusait le plus souvent de parler aux autres.

Or, le 9 juin 2020, pour la première fois, elle a été confrontée en direct à une chroniqueuse qui lui posait de vraies questions, sans agressivité, mais sans complaisance. Ce à quoi elle n'était manifestement pas préparée.

Dans les semaines qui ont suivi, le consensus médiatique sur Assa Traoré a continué à se fissurer. Habituellement, les attaques contre elle et contre les militants racialistes venaient toujours de la droite ou de l'extrême droite blanche, aisée, bourgeoise, soit l'ennemi, le racisme incarné. Au lieu de leur faire perdre des sympathisants, ces assauts les renforçaient, en poussant leurs troupes à resserrer les rangs. Le 15 juillet 2020, le coup est venu de l'ancien champion du monde de boxe thaï Patrice Quarteron. Patrice Quarteron est de droite et ne s'en cache pas, mais il est noir. Cela ne l'empêche pas d'être exaspéré par les discours victimaires qui sont le fonds de commerce du comité Adama, expliquait-il dans un entretien musclé accordé au *Parisien* en ligne le 15 juillet 2020. Il ne se contentait pas de généralités, il nommait Assa Traoré.

La sordide affaire de la fourchette

Juste après, l'affaire vraiment glauque de la fourchette est remontée à la surface[1]. Le 21 juillet 2020, le parquet de Pontoise a annoncé que la commission d'indemnisation des victimes d'infraction (Civi) allait indemniser l'ancien codétenu d'Adama Traoré, que ce dernier avait forcé à lui faire des fellations en cellule sous la menace d'une fourchette. Cette annonce a fait un tort considérable à la cause.

Du jour au lendemain, Adama Traoré est passé du statut de victime absolue à celui d'agresseur sexuel. Le comité Adama voulait la vérité, celle-là était embarrassante. Impossible de nier les faits, la Civi a indemnisé la victime après un examen approfondi de son dossier. Le comité Adama a brouillé les cartes en disant qu'on essayait de « salir la mémoire » du disparu. Elle était effectivement salie, mais à cause de qui ?

1. Voir p. 134.

Sur les réseaux sociaux, cette sordide histoire de la fourchette a donné lieu à de multiples plaisanteries, souvent de très mauvais goût, alors qu'elle est sans doute le révélateur d'une profonde misère humaine et affective. Le père d'Adama Traoré avait inculqué « le respect à ses enfants. D'eux-mêmes, d'abord [...] le respect de l'autre aussi... », écrivait Elsa Vigoureux dans *L'Obs* du 13 décembre 2016. Elle n'a pas commenté l'affaire de la fourchette.

Soyons honnêtes, il n'y a pas eu de retournement brutal dans les médias qui soutenaient Assa Traoré, alors que ces mêmes médias sont très combatifs, et à juste titre, sur le chapitre des violences sexuelles. Ce viol, puisque c'en est un, est tombé dans les oubliettes de plus d'une rédaction, mais il a eu d'interminables échos sur les réseaux sociaux. La contre-attaque d'Assa Traoré (jeter en pâture aux médias l'identité du plaignant, promettre une plainte – jamais déposée – contre Nathalie Faussat, directrice du Fonds de garantie des victimes, dénoncer une manipulation judiciaire, etc.) a fait long feu. La fourchette a durablement érodé la crédibilité du combat militant pour Adama, ce qui est fort peu rationnel dans le fond. Qu'Adama Traoré soit ou non un violeur, ou même la pire des crapules, ne change rien à la question essentielle : a-t-il ou non été tué par les gendarmes ? En réalité, l'opinion accorde moins facilement sa sympathie à un violeur.

Flottement au sommet de l'État

À la même époque, la fresque peinte à Stains (Seine-Saint-Denis) le 18 juin 2020 sur un mur mis à disposition par la mairie, associant Adama Traoré et George Floyd, a reçu un accueil assez frais. Son slogan, « Contre le racisme et les violences policières », a mis le syndicat de policiers Alliance en colère, ce qui faisait probablement partie des buts recherchés. La réaction du préfet de Seine-Saint-Denis George-François Leclerc était plus inattendue. Ayant reçu les représentants des policiers le 22 juin, il leur a promis de mettre le maire PCF de Stains Azzedine Taïbi (PCF) en demeure de modifier la phrase de la fresque pour enlever toute référence à la police. Dès le 7 juillet, c'était fait. Par rapport à la complaisance affichée jusque-là envers le comité Adama le changement était perceptible : un mois plus tôt, la famille Traoré avait été conviée à la Chancellerie par la garde des Sceaux Nicole Belloubet, sur demande expresse du président de la République – une entorse à la séparation des pouvoirs qui s'était soldée par une humiliation pour Nicole Belloubet, la famille Traoré ayant décliné l'invitation. « C'était un peu la confusion au gouvernement à cette époque sur les questions de racisme et de violences policières, explique un haut fonctionnaire. Christophe Castaner, le ministre de l'Intérieur, avait sérieusement envisagé d'organiser une mise en scène, où il aurait mis le genou à terre dans un endroit symbolique, en mémoire des victimes des violences policières, comme le faisaient alors des footballeurs. Il a été remplacé par Gérald Darmanin le 6 juillet 2020, ce qui nous a épargné un moment pénible, et surtout un divorce profond avec la base, qui n'aurait jamais compris. »

Improbable convergence des luttes

Le quatrième anniversaire de la mort d'Adama Traoré a été un succès, du point de vue du comité. Quelque 3 000 personnes ont fait le déplacement pour défiler à Persan, près de Beaumont-sur-Oise, soit dix fois plus que d'habitude. Mais là encore, une certaine usure était perceptible. Le jour du défilé, la plus visible des banderoles portait un slogan étrange : « Génération Adama, génération climat, on veut respirer ». Comme si le comité voulait élargir son audience.

Tel était le cas. L'idée générale était probablement la fameuse « convergence des luttes », chère à Youcef Brakni, infatigable animateur du comité Adama. Sa compagne, Fatima Ouassak, était alors en train de créer une structure à Bagnolet (Seine-Saint-Denis) nommée Verdragon, en partenariat avec une association de défense de l'environnement, Alternatiba, promue co-organisatrice de la marche commémorative 2020. CO_2 et bavure policière, même combat. La manifestation entendait mobiliser à la fois pour les « racisés » et pour la planète. Sans doute très cohérente dans l'esprit de ses promoteurs, qui veulent un monde plus juste, plus solidaire, plus résilient, la convergence des luttes n'en est pas moins difficile à vendre au grand public. Ce « On veut respirer » à double sens n'était « pas un slogan, quelque chose d'artificiel qui tombe du ciel », assurait Fatima Ouassak dans le petit film de promotion tiré de l'événement ; les défenseurs de l'environnement et les militants des quartiers, selon elle, luttaient « pour la même chose, un monde plus juste, plus égalitaire, plus respirable ». « C'est structurel, il faut remettre en question le système dans sa globalité », renchérissait Youcef Brakni dans la même vidéo.

Dur combat que cette convergence. Même les sympathisants ne voyaient pas toujours le rapport entre une arrestation qui avait mal tourné en banlieue et le réchauffement climatique. « Mariage improbable et indécent, commentait un certain Sly Amarth sur la page du comité Alternatiba du Rhône. Mon incompréhension est à la hauteur du dégoût que je ressens en voyant un collectif pour lequel je me suis beaucoup impliqué il y a quelques années se compromettre dans des alliances aussi abjectes et jouer les idiots utiles de l'antiracisme ! »

La veille du défilé du quatrième anniversaire, une jeune Franco-Camerounaise, Stella Kamnga, avait publié une « Lettre ouverte à Assa Traoré » dans la revue *Front populaire*. « À vrai dire, tu m'étouffes ! commençait la jeune femme. Ce qu'il y a de scandaleux chez toi, c'est que ton discours ne correspond en rien à ton parcours. On n'a jamais vu en France une victime de "racisme systémique" être aussi libre que toi, Assa Traoré. Dans les vraies dictatures, dans les vrais régimes oppressifs, les victimes n'ont pas la parole, elles ne font pas la une des journaux, n'organisent pas de manifestations illégales, ne sont pas régulièrement invitées par les médias de masse. Leur seul droit est de se taire ou, si elles en ont la chance, de s'enfuir. Souvent, elles sont mises en prison sans procès équitable. Ou kidnappées, comme l'a été récemment le président du premier parti d'opposition au Mali, Soumaila Cissé. »

Inconnue du grand public, Stella Kamnga n'y allait pas par quatre chemins, mais par quel angle la dénigrer ? Dans la logique du comité Adama, le profil de celui qui parle valide ou invalide d'office ses propos. Or, c'était une femme noire qui s'exprimait, martelant avec force des vérités : « Dans les vraies dictatures, personne n'oserait contester une décision de justice pour mener sa revanche personnelle, diffamer le pays qui vous a vu grandir et régler ses comptes dans la rue et dans les médias. Dans tous ces pays où les droits de l'Homme n'existent pas, tu n'aurais jamais pu bénéficier de cet arrêt maladie d'une durée d'un an qui t'a bien servi pour passer ton temps à militer, le tout avec la complicité de la fondation Opej-Baron Edmond de Rothschild, dont tu étais l'employée. » Assa Traoré avait effectivement passé près d'un an en arrêt maladie, sans toucher d'indemnités durant toute cette période, mais en militant très activement. « Assa, tu ne luttes pas pour défendre une cause et encore moins pour protéger une communauté, poursuivait la jeune femme. Tu luttes dans le seul but de promouvoir ta propre personne. Si Molière t'avait connue, il aurait peut-être écrit *La Victime imaginaire*, à moins d'être trop dégoûté par ton numéro de téléréalité. Tu prétends défendre la condition des Noirs ? La vie d'un homme noir ou d'une femme noire a plus de valeur en France qu'en Afrique et tu le sais très bien. »

Assa Traoré n'a jamais réagi publiquement à cette charge, qui reste à ce jour la plus violente dirigée contre elle.

L'essoufflement du comité

La suite a confirmé que le succès indéniable du défilé 2020 tenait beaucoup à l'effet George Floyd et peu à la convergence des luttes. La célébration des cinq ans de la mort d'Adama Traoré, le 19 juillet 2021, a eu beaucoup moins de succès, confirmant un certain essoufflement. En mars de la même année, Assa Traoré a été condamnée par la cour d'appel de Paris pour atteinte à la présomption d'innocence des gendarmes, décision fondée sur cinq messages publiés entre septembre et novembre 2019 sur la page Facebook du comité Vérité pour Adama, qui les présentaient comme ayant causé le décès. Le procès des nuits d'émeutes de juillet 2016, aux assises de Pontoise en juillet 2021, a conduit la presse à revenir longuement sur le casier judiciaire extrêmement chargé de Bagui Traoré. La famille n'a pas pu invoquer l'acharnement de la justice. Les jurés ont acquitté Bagui des chefs de « tentatives de meurtre sur personne dépositaire de l'autorité publique », au bénéfice du doute. « Personne, ni dans la procédure ni à l'audience, n'a indiqué l'avoir vu tirer, ni s'être tenu près d'un tireur, ni entendu donner des consignes. Un débat sur de simples hypothèses n'a pas sa place dans une cour d'assises », a motivé le président Marc Trévidic après le prononcé du jugement. « La justice ne peut pas se passer de preuves », a-t-il ajouté, ce qui était aussi un rappel implicite à destination du comité Vérité pour Adama : ce n'était pas aux gendarmes de prouver qu'ils étaient innocents, mais à l'accusation de prouver qu'ils étaient coupables.

Or, cinq ans après les faits, il n'y avait toujours pas l'ombre d'une preuve. Quelques médias ultra-militants (*StreetPress*, *Révolution permanente*) restaient indéfectiblement collés à la ligne pro-Traoré, mais chez les autres (*Libération*, *L'Obs*, *Mediapart*, etc.), une inflexion était perceptible. Petit à petit, l'idée qu'il n'y a peut-être pas eu de bavure et qu'Assa Traoré en fait trop se fraye un chemin dans les esprits. Le début de cette évolution, paradoxalement, aura peut-être été l'affaire George Floyd. Confronté à un cas de violence policière indéniable et à un racisme plus que probable, le grand public a pu mesurer à quel point le dossier Adama Traoré sonnait creux.

Les mois passés à examiner cette affaire sous toutes ses coutures font ressortir des erreurs et des maladresses. Il y en a eu plusieurs, mais aucune n'explique le décès, et ce ne sont pas du tout celles que le comité Vérité pour Adama met en avant. L'arrestation du jeune homme s'est faite en trois temps, ce qui veut dire qu'il a glissé entre les doigts des gendarmes deux fois. L'interpellation la plus rondement menée, rapide, professionnelle et définitive est incontestablement la dernière, et c'est pourtant celle qui concentre les attaques du comité Adama. Il y a également eu un flottement au moment d'annoncer le décès. Le directeur de cabinet du préfet et le substitut du procureur étaient de jeunes fonctionnaires peu expérimentés, qui ont tardé à prendre leurs responsabilités. Le choix de Rodolphe Bosselut comme défenseur des gendarmes a permis au comité Adama de politiser encore un peu plus le dossier, au mauvais prétexte qu'il avait par ailleurs défendu Marine Le Pen, mais c'est anecdotique : il y aurait eu politisation en tout état de cause. Comme le disait l'essayiste Céline Pina dans un entretien au *Figaro* sur l'affaire Adama, « il faut bien des bons opprimés et des méchants oppresseurs, des victimes et des bourreaux, et surtout réduire la vie sociale et politique à cet affrontement-là : Blancs contre Noirs, policiers contre jeunes de banlieue… Pour créer cette combinaison de ressentiment, de haine et d'agressivité, il faut travailler sur les représentations et créer la peur. La passion, à l'inverse de la raison, ne s'embarrasse pas de nuances, de quête de vérité, de contradictoire ».

Le ministère de l'Intérieur de l'époque, enfin, aurait sans doute pu et dû réagir plus vite, mais il faut se remettre dans le contexte de l'été 2016 : l'événement tragique était l'horrible attentat du 14 juillet à Nice (86 morts), pas la mort d'Adama Traoré à Beaumont.

« La vérité est solide, disait le poète américain Oliver Wendell Holmes. Elle ne se brise pas comme une bulle de savon au moindre contact. Vous pouvez la frapper toute la journée comme un ballon de foot, elle sera toujours ronde et pleine le soir. » Dans l'affaire Adama, il faut espérer que le soir a commencé à tomber.

Post-scriptum

Qu'allons-nous devenir ?
Lettre d'une citoyenne

Si j'ai pris la plume, ce n'est pas pour parler de mon devenir mais plutôt de celui de mes enfants et petits-enfants. Parce que j'ai cru et je crois encore en un devenir possible. Tout n'est pas aussi sombre que certains voudraient nous le faire croire. Combien de marches blanches pour la vérité ? Combien de marches pour que les manipulations cessent et que la paix revienne ? Mais comment entendre la vérité, tant les cris de haine et les mensonges sont forts ?

J'ai une pensée, au moment de conclure, pour toutes les personnes qui subissent des violences infligées par une frange de notre société, et qui se sentent bafouées et outragées quand on encense des délinquants : Adama devient un héros pour les jeunes, Bagui un grand frère remarquable et les forces de l'ordre des « monstres » et des brebis galeuses.

Dans un amalgame impossible, tout est prétexte à tenter de faire plier une justice qui fait son travail comme elle peut, parasitée par des médias trop friands de sensations et visiblement inexpérimentés !

Personne ne parle des insultes permanentes que subissent les forces de l'ordre ni des coups reçus. Toutes les « affaires » en banlieue sont-elles des bavures ? Je ne peux y croire, moi, la mère d'un gendarme élevé dans le respect des autres, moi, la militante au Mrap et à Amnesty International, moi dont la maison est ouverte à tous. Que ferais-je si l'un de mes proches était assassiné ou séquestré, roué de coups, violé, volé ? Serais-je capable, comme le font certains parents, de dire que je pardonne ?

L'uniforme représente le respect mais surtout il représente la dernière barrière face à l'anarchie et au « grand n'importe quoi » ! Je sais que je vais faire sourire avec mes phrases candides, mais quand un fils ou une fille, un père ou une mère, un oncle ou une tante, un mari ou une épouse rentre après une journée de travail, il lui faut un certain temps pour décompresser, faire la part des choses. Un gendarme n'insulte pas, mais il est insulté toute la journée.

Face à lui, parfois, des jeunes des cités armés (poings américains, matraques, revolvers, kalachnikovs, fusils à pompe, barres à mine…), cagoulés, casqués, portant des lunettes pour qu'on ne les reconnaisse pas. Et on voudrait mettre en face, pour rétablir l'ordre, des gendarmes sans protection et munis de fraises Tagada ?

Les hommes naissent égaux en droit et la France est un pays de droit. Oui, il y a une justice pour tous, quelle que soit la couleur de peau. Y compris pour les gendarmes. Sous ces uniformes il y a un sacré mélange de couleurs. Dans l'équipe de mon fils, il y a des hommes d'origine subsaharienne, algérienne, un Guadeloupéen, un Martiniquais : tous français, fiers de leur uniforme et de leur métier.

Moi, le produit des quartiers populaires, ayant vécu une grande partie de sa vie en HLM, moi qui ai vu les derniers bidonvilles être détruits en bordure de Caen, je me dis que nous avons raté notre devenir. Nous avons raté l'intégration. Les bidonvilles sont revenus… Les cités HLM de mon enfance, où tous se parlaient, où l'on s'entraidait, sont devenues de véritables ghettos où je ne me retrouve plus !

Mais, au nom de ce « ratage », devons-nous pour autant dire et faire n'importe quoi ? Parce que l'on est un personnage célèbre, doit-on émettre une opinion sans connaître le fond du dossier ? Croire les réseaux sociaux qui nous intoxiquent ? Une presse qui prend pour argent comptant ce qu'on lui donne ? C'est tellement facile de faire passer les forces de l'ordre pour de sales Blancs racistes… Qui creuse un magnifique chemin à l'extrême droite ? Le comité Adama. La majorité des Français n'adhère pas à ses histoires. Avant qu'il ne soit trop tard, j'aimerais tellement que les choses reprennent leur place !

En tant que citoyenne française, je demande que la haine envers les forces de police et de gendarmerie cesse. Je voudrais savoir qu'à un simple contrôle d'identité, mon fils ne risque pas de prendre un poing dans la figure, ou pire. Si notre police se doit d'être exemplaire, ceux qui sont en face doivent l'être aussi !

Je voudrais que tout le monde vouvoie systématiquement les forces de l'ordre. Je suis pour que chaque policier et gendarme soit muni d'une caméra lors de ses interventions. Les gens verraient la réalité, ils entendraient ceux qui ne cessent de traiter de « sale fils de pute, bâtard, enculé de ta mère, enculé de ta race... » les représentants des forces de l'ordre. Je voudrais que chaque journaliste, chaque people, chaque intello ayant conspué la BAC ou le Psig passe quelques jours avec leurs membres sur le terrain afin de prendre la mesure du quotidien vécu par les forces de l'ordre. Ils comprendraient peut-être pourquoi les policiers et les gendarmes, à une écrasante majorité, ne voient aucune raison d'assouplir le régime juridique du port des armes et de leur usage. Je suis d'accord avec eux, parce qu'en face d'une violence quotidienne, il faut mettre les moyens de s'y opposer.

Je voudrais terminer cette lettre en disant combien je suis fière. Fière d'être française et de l'histoire de mon pays, quelles que soient ses déviances, car c'est au travers de cette histoire que je me suis construite, que j'ai pu expliquer à mes enfants d'où l'on venait, ce qui s'était passé, les choses à ne pas faire et celles à continuer. Celles surtout à ne pas répéter et celles à cultiver !

Je suis fière de ce que sont devenus mes enfants dans ce pays qui est le mien, qui est le leur. Ils n'ont pas démérité à chercher eux aussi leur voie, à travailler pour payer leurs études, à accepter de faire des boulots alimentaires avant de trouver enfin leur place. Avec eux la mixité est arrivée dans notre famille et leurs enfants sont la richesse d'une France qui ne demande qu'à évoluer, qu'à s'ouvrir, qu'à partager.

Je suis fière, mais je suis aussi fatiguée. Tellement !

Malgré cela, moi, citoyenne française, je vous dis que je crois encore en mon devenir, en celui de nos enfants, en celui de nos petits-enfants et en celui d'une France juste et indivisible.

Je remercie tous les policiers et les gendarmes qui, malgré la volonté de certains de vouloir les faire passer pour des gens violents et racistes, continuent à exercer leur métier avec bienveillance.

Table des matières

Avant-propos 11

Prologue 13

1. Fait divers dans le Val-d'Oise 17

Intermède. Noir, et alors ? 33

2. Une famille dans la tourmente 37

Intermède. Gendarmerie ou police, plus qu'un détail 55

3. Un gendarme prénommé Romain 61

Intermède. « Affaire Adama Traoré »,
bataille autour d'une page Wikipédia 79

4. Le comité Adama, une affaire de professionnels 85

Intermède. Assa Traoré, éphémère intervenante
dans l'Éducation nationale 105

5. Beaumont-sur-Oise 109

Intermède. Adama, une marque déposée 119

6. Neutralité interdite :
les médias dans le dossier Traoré 123

Intermède. Contradictions 149

7. « J'ai honte », lettre aux médias 153

Intermède. Cette sortie d'Assa Traoré que beaucoup
de médias préfèrent passer sous silence 167

8. Le match des expertises 173

Intermède. Diffamateur, diffamatrice, diffamation,
diffamatoire, diffamer... 195

9. Justice nulle part, manipulation partout 201

Intermède. Les questions auxquelles maître Bouzrou
n'a pas souhaité répondre 219

10. 2020, le vent tourne 225

Post-scriptum. Qu'allons-nous devenir ?
Lettre d'une citoyenne 239

Composition et mise en pages
par Facompo Lisieux

FSC
www.fsc.org
MIXTE
Papier issu de
sources responsables
FSC® C003309

L'éditeur de cet ouvrage s'engage dans une démarche
de certification FSC® qui contribue à la préservation
des forêts pour les générations futures.

Pour en savoir plus :
www.editis.com/engagement-rse/

Imprimé en France par CPI
en octobre 2022

N° d'édition : 64178/02 – N° d'impression : 2067957